USA-Der Südwesten

Hier und weiter aufwärts bis zu den höchsten Erhebungen
war die Luft zur Essenz von Sommer und Mittag destilliert, und
nichts lag zwischen den Dingen und dem Auge…
Er war allein und hätte gern aus den Farben des Canyons ein Lied gemacht…,
aber er fand die Worte nicht. Es wäre ein Schöpfungslied geworden;
er hätte mit leiser Stimme von der ersten Welt gesungen, von Feuer und Flut, vom
Aufstieg der Morgendämmerung über den Hügeln.

Natachee Scott Momaday, Haus aus Morgendämmerung

◁ Im Arches National Park.

Der freistehende Delicate Arch, der schönste unter den zweihundert Steinbögen des Arches National Park (oben).

USA - Der Südwesten

Photographie Helmut Friedrich Text Achim Zons · Helmut Friedrich

Bucher

INHALT

BILDKAPITEL

18 Amerikas Marsch nach Westen

Helmut Friedrich

24 ARIZONA

Canyon de Chelly National Monument

Grand Canyon National Park

Antelope Canyon

Monument Valley

56 Das Monument Valley als Filmkulisse

Helmut Friedrich

70 UTAH

Goblin Valley State Reserve

Capitol Reef National Park	Helmut Friedrich	166 Tiere und Pflanzen	Helmut Friedrich
Canyonlands National Park	130 UTAH	der Canyonlandschaften	118 DAS COLORADO-PLATEAU
Arches National Park	Bryce Canyon National Park	TEXTKAPITEL	119 Karte
Zion National Park	KALIFORNIEN		
Canyon des	Death Valley National Monument	Achim Zons	124 DIE CANYONLANDSCHAFTEN
Calf Creek	Mono Lake	13 IM LAND DER GESETZLOSEN	IM SÜDWESTEN DER USA
	NEVADA	Mit dem Motorrad durch den	
114 Geisterstädte	Valley of Fire State Park	Wilden Westen	179 Text- und Bildnachweis

◁ **BRYCE CANYON** Als sich der Mormone Ebenezar Bryce im Jahre 1874 hier ansiedelte, wählte er die wohl ungewöhnlichste und eindrucksvollste Erosionslandschaft auf dem Colorado-Plateau als neue Heimat. Doch fruchtbar war sie nicht, wie der Blick vom Sunrise Point zeigt.

VIRGIN RIVER

Sieht dieser Teil des Zion National Park nicht wirklich aus wie eine unschuldige Idylle? Das frische Grün, das durchsichtige Blau, das glänzende Braun wirken wie Reklame, wie gefälscht, wie lackiert. Man meint, die klare, frische Luft in den Lungen zu spüren – und wünscht sich dorthin.

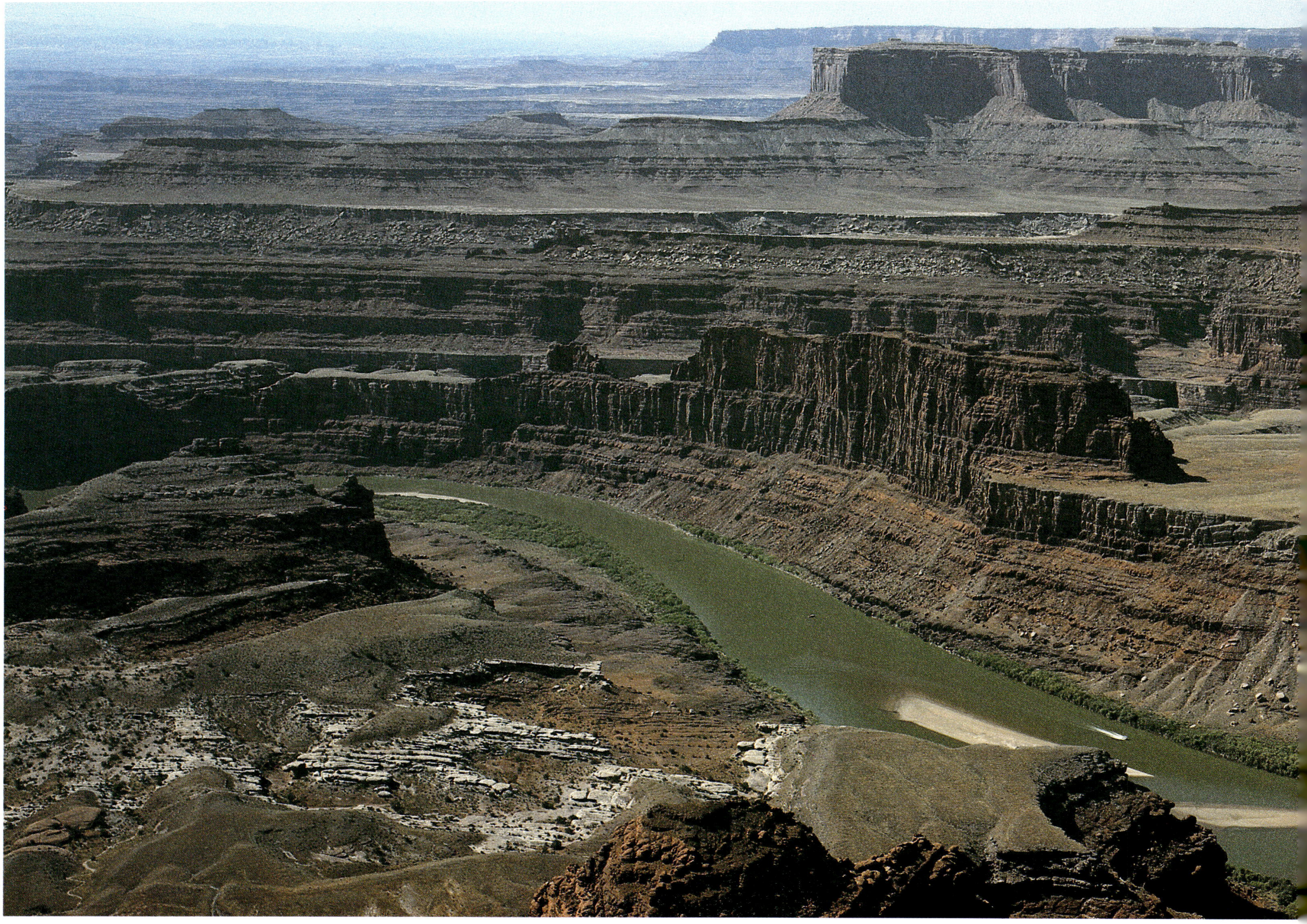

DEAD HORSE POINT

In Europa sind die Landschaften allzu oft nur angedeutet, verleiht ihnen der Reichtum an Abwechslung etwas Liebedienerisches. Diese Landschaft mit der Flußschleife des Colorado auf ihrem Grund hat Anbiederung nicht nötig: Sie existiert in prächtigem Eigensinn nur für sich selbst.

GRAND CANYON

Man könnte glauben, vom Himmel sei eine riesige Palette mit gelber, brauner und Resten grüner Farbe auf diesen Espenwald gefallen. Und am Ende des Herbstes, wenn die Zeit die Blätter hat sterben lassen, zittert das Espenlaub in den Wirbeln des Windes.

Fisher Towers

Das grandiose Felsensemble der schroffen Fisher Towers etwa vierzig Kilometer östlich der Stadt Moab. Dieses Gebiet mit seinen markanten Sandsteintürmen ist nicht nur bekannt als Touristenziel, sondern auch als ideale Kulisse zahlreicher Wildwestfilme.

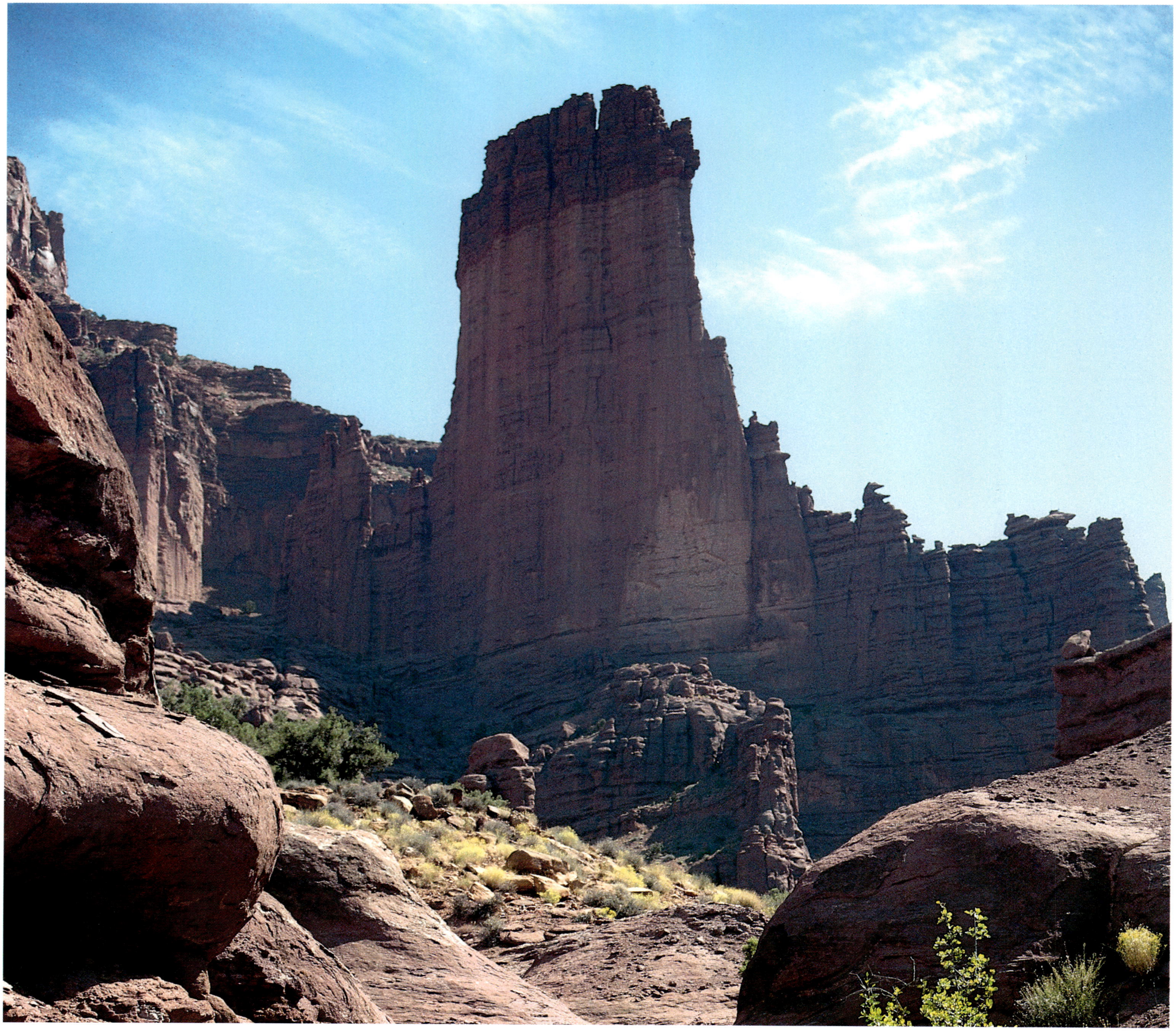

IM LAND DER GESETZLOSEN
Mit dem Motorrad durch den Wilden Westen

Ich weiss nicht, warum sie das getan hat. Ich verstehe es nicht, auch jetzt noch nicht. Jeder hat ja so seine Eigenarten, klar. Ich ja auch. Aber das hier ist was anderes. Es ist mehr. Irgendwie ist das Ganze undurchsichtig. Ich muß nachdenken, wie's angefangen hat.

Eigentlich ist dies ja Phillips und J.J.s Geschichte, und es wäre besser, wenn sie sie selbst erzählten. Aber J.J. ist nicht der beste Anwalt in eigener Sache, und Phillip wird sie nicht niederschreiben können. Er ist Indianer und Analphabet.

Kennengelernt hatten wir die beiden eher zufällig, in einem Moment, als wir auf uns, das Motorrad und dieses endlos einsame Land fluchten. Um genau zu sein: Ich fluche, und Sal gab mal wieder gute Ratschläge, der Art, daß ja erst seit gestern bekannt sei, daß Verbrennungsmotoren Benzin brauchen. Ich hätt' sie umbringen können.

Als die Maschine anfing zu ruckeln und der Motor würgte, waren wir noch knapp zehn Meilen von Cameron entfernt, und die Vorstellung, diese zehn Meilen zu Fuß und mit einem Kanister in der Hand zurückzulegen, war gar nicht nach unserem Geschmack.

He, Mann, laß es, sagte Sal und wälzte ihren Kaugummi hin und her, als sei ihre Backe eine Betonmischmaschine.

Warum mußten wir auch so leichtsinnig sein und diese Wüste, Painted Desert östlich vom Grand Canyon, ohne Reservebenzin durchqueren? Mach dir keine Sorgen, hatten sie mir in Las Vegas am Anfang meiner Tour gesagt, dies ist ein zivilisiertes Land, da passiert dir nichts. Damals war ich noch alleine und hatte eine einigermaßen gute Laune. Ich hätte es besser wissen sollen. Ich schaute in den leeren Tank und beschloß, mir von jetzt an immer Sorgen zu machen.

Vergiss es, hatte sie gesagt. Lass mich in Ruhe.
Ich wollte wirklich nach Rock Springs, Sal. Glaube mir, nur wegen dir bin ich da nicht hingefahren.

Sie schien mir gar nicht richtig zuzuhören. Und jetzt lag ich da.

Als ich aufgewacht war, erfüllte mich das Bewußtsein fast vollkommener Verlorenheit. Ich schien in der Dämmerung zu schwimmen wie in einem träge dahinfließenden Gewässer. Nur hin und wieder tauchte ich an die Oberfläche, hörte wie durch einen Schleier die Geräusche einer Welt, die so fern schien wie die Milchstraße. Nichts gab mir Halt, nichts Orientierung, einzig die sanfte Berührung des Kissens unter meinem Kopf stellte einen Zusammenhang zur Wirklichkeit her. Wo war sie? Warum hatte sie das getan? Meine Gedanken waren eisklar, nur leise getrübt von dem peinigenden Kopfschmerz, der von dem schlechten Wein stammen mußte.

Ich schaute aus dem Fenster. Dieser Felsen da vorne wäre ein wunderschönes Motiv für eine Kitschpostkarte. Das warme Gelb der untergehenden Sonne überzog ihn wie Honig, und ich war sicher, daß er für Menschen in normaler Gemütsverfassung ein unauslöschliches Erlebnis sein mußte. Tucson, Arizona, an diesem späten Nachmittag: Das wird für mich immer mit diesem Bild, mit diesem Goldgelb, mit dieser Wärme verbunden sein, die ich nur leider nicht spürte. Wie oft hatte ich jetzt alles hin- und hergewendet? Es ging einfach nicht auf. Wie sollte es auch aufgehen?

Sie war mir schon ganz am Anfang auf die Nerven gegangen. Ich hätte sie wahrscheinlich überhaupt nicht wahrgenommen, wenn sie mir nicht ihre Cola übers Tablett gegossen hätte, über diese wunderschönen Spiegeleier, die in der prickelnden braunen Soße dann doch etwas

Rucksackwanderer auf dem South Kaibab Trail, der vom Südrand des Grand Canyon bis hinunter zum Colorado River führt.

das Gesicht verloren. He, Mann, sagte sie grinsend, sieht aus wie ein Kunstwerk. Häng's dir an die Wand, meine Erlaubnis hast du. Und ließ ihre weißen Zähne blitzen, als habe ihr Chaplin persönlich den Satz geschrieben. Ich fand das gar nicht lustig, aber da ich eine neue Portion Ham and Eggs bekam, war für mich die Sache erledigt.

Wo das war? In Utah, ein paar Kilometer hinter Salt Lake City Richtung Norden, Richtung Idaho, in einem Drive-In am Highway 84. In Utahs Metropole war ich nur kurz, vielleicht weil mich diese geräumige, aufgeräumte, kühle Stadt, die sich überall dynamisch und modern gibt und von der massiven Ruhe des großen Mormonentempels geprägt ist, zu sehr an eine kalte, resopalbeschichtete Küche erinnerte. Ich habe einfach nicht viel übrig für die lustfeindliche Lebensweise der Jünger des Propheten Brigham Young, weshalb ich denn auch den Zeugnissen des großen Trecks von 1847, als die kleine Schar der Pioniere in das Land am Großen Salzsee kam, keine besondere Aufmerksamkeit schenkte.

Egal. Ich wollte am Großen Salzsee entlangfahren und dann rüber nach Rock Springs, denn da war 1978 etwas passiert, was mich doch sehr neugierig gemacht hatte auf diesen Ort. Aber erst einmal lockte dieses Binnenmeer ohne Abfluß, in dem man liegen kann wie auf einer Matratze. Einige Schlagzeilen hatten meine Aufmerksamkeit erregt, und was da passierte, schien wirklich spannend zu sein.

Der Große Salzsee begrabe alles unter sich, hieß es. Hunderte von Hektar Weide- und Ackerland seien überflutet. Das Grundwasser sei in Gefahr, weil das Salz langsam durchsickere. Deiche seien gebaut worden, Deiche seien geborsten. Und - als seltsame Pointe - war zu lesen, daß der Vorsitzende der Flutkommission die Öffentlichkeit aufgefordert habe, göttlichen Beistand zu suchen, was zu der grotesken Situation führte, daß ein Wüsten-

14

Die Großartigkeit des Grand Canyon läßt sich am besten bei einer Fußwanderung, wie hier auf dem South Kaibab Trail, erleben.

volk, das der Öde einen Garten abgerungen hatte, erstmals um den Segen einer langanhaltenden Dürre betete.

Also sattelte ich meine Maschine und begab mich auf den Highway 84, und schon die ersten Bilder entschädigten mich: Hochspannungsmasten, die durch den See wateten, ein Funkturm, der nur noch mit einem Boot zu erreichen war, ein Vergnügungspalast, in dessen Keller Salzwasser gurgelte. Die Folgen einer klimatischen Wende? Eine neue kleine Eiszeit? Eins schien klar zu sein: Die Sommer waren nicht mehr so heiß wie früher, das Wasser verdunstete nicht mehr. Oder war es der allgemeine Trend zur Erwärmung? Die sichtbaren Zeichen des Treibhauseffekts? Ich fand keine letztgültige Erklärung. Vermutlich beides.

Viele meinen ja, dieser Große Salzsee sei völlig tot, was aber Unsinn ist.

In The Great Salt Lake tummelt sich eine Fülle von tierischem und pflanzlichem Leben, und ich war begeistert von den schillernden und irreal anmutenden Grün- und Blautönen inmitten der gefährlich wirkenden weißgleißenden Salzwüste.

An manchen Stellen rollen die Salzkrusten wie erstarrte Wellen bis unmittelbar an die Straße, was bedeutet, daß das Wasser irgendwann einmal bis hierher gestiegen sein muß. Ein Ingenieur aus Panguitch erzählte mir ein paar Tage später, daß das am 30. März 1987 gewesen sei, da habe der See den höchsten Pegelstand seit Menschengedenken erreicht, sieben Meter über dem Tiefststand von 1963. Ich hab' keine Ahnung, ob's stimmt. Aber es gibt keinen Grund, daran zu zweifeln.

Wann diese Begegnung mit Sal war? Es muß zwei Wochen her sein, vielleicht ein paar Tage länger, ich weiß es nicht mehr genau. Ich weiß nur noch eins: Von da an hatte ich keine Ruhe mehr. Aus und vorbei.

Dieser Imbißladen – er hieß, glaube ich, Lennie's Cafe – war eines jener Restaurants, die man an fast jedem Highway findet und die alle so aussehen, als hätte das legendäre «Diner» Modell gestanden, dieses Diner, in dem die Schauspieler Mickey Rourke und Steve Guttenberg sich die Football-Fragen für Elyse ausdachten, natürlich um sie reinzulegen, sie wollten ja ihren Freund nicht an die Ehe verlieren. Es gab den üblichen amerikanischen Standard: Cola voller Eisbrocken, Kaffee ohne Limit, Hamburger in sämtlichen Variationen, Salate mit allen Dressings, das Übliche halt, man kennt das ja. So amerikanisch, wie eben nur Amerika sein kann. Fehlte nur noch, daß der Mann mit dem Cowboy-Hut neben mir an der Theke die Flasche Whisky mit den Zähnen entkorkte, sich als Sheriff vorstellte, mir die Pranke auf die Schulter haute und sagte: «Amerika ist ein großartiges Land.»

Na ja, ich war schon fast an der Tür, als sie hinter mir herkam und mich am Ärmel festhielt: He, ich will nach Arizona runter. Du hast doch noch Platz auf deiner 800er.

Ich hab' keinen Platz, sagte ich, und ich will auch nicht nach Arizona, wenigstens jetzt noch nicht, sondern an den Großen Salzsee.

Great, sagte sie, das will ich auch. Ich heiße Sally, aber alle sagen nur Sal. Sal Willis. Aus Chicago, Milwaukee Avenue. Und hält mir ihre schmale schwarze Hand hin. Und dann kommt's natürlich: Wie heißt du?

Ich sagte es ihr.

Germany?

Ich nickte.

East or West?

Oh Gott, ich hab's gewußt. Ich erklärte, was ich in den USA schon tausendmal erklärt hatte. Aber die Sache war gelaufen.

Der Grand Canyon im Winter: Die Schlucht liegt in geheimnisvollem Dunst und wirkt fern und unzugänglich. Blick vom South Rim.

Der Südrand des winterlichen Grand Canyon. Rauhreif und wolkenverhangener Himmel erzeugen zarte, fließende Formen und Farben.

Natürlich hatte ich eine Stinkwut. Auf sie, aber noch mehr auf mich. Ich hab' nie gelernt, mit dieser Art aufdringlicher Freundlichkeit fertig zu werden, was mich in die wunderschöne Situation brachte, nun auch noch eine Nervensäge am Hals zu haben, was keine angenehme Vorstellung war. Eine schwarze Nervensäge. Ein Mädchen von 22 Jahren, mit schwarzem krausem Haar und dicken, vollen Lippen. In Jeans und weißem T-Shirt an einem schlanken Körper.

Ich klemmte ihre verwaschene Segeltuchtasche hinter meinen Seesack auf den Gepäckständer, stieg auf die Maschine, zog den einen Handschuh an und fand den zweiten nicht. Hier, Mann, gluckste sie, genau zwischen den Beinen. Die Stelle kannste nicht vergessen.

Und setzte sich hinter mich. Mein Gott, das konnte ja heiter werden.

WIE DAS WAR VOR CAMERON? Heiß, sehr heiß. Wir warteten 20 Minuten, wir warteten 30 Minuten, nichts tat sich, nur die Sonne brannte erbarmungslos auf uns nieder. Sal saß am Straßenrand auf einem dieser Begrenzungssteine, auf denen die Meilen eingeritzt sind, die uns sagten, wie weit wir noch von der Zivilisation entfernt waren. Ich hatte mich hinter einen strohtrockenen Busch zurückgezogen und döste vor mich hin. Nichts Lebendiges schien diese gelbbraun verbrannte Gegend zu stören, bis es plötzlich zu einem erregenden Zusammentreffen kam. Es war ein Scolopendra heros, ein *Giant Desert Centipede*, der meine Bekanntschaft zu machen wünschte – ein hochgiftiger Tausendfüßler, der so tödlich ist wie ein in Curare getauchter Pfeil. Beide Seiten verhielten sich einigermaßen würdevoll: Ich ließ ihn mit angehaltenem Atem über meine Beine kriechen, und er revanchierte sich, indem er nicht biß.

Und dann tauchte endlich ein Truck auf. Ein untersetzter Mann in Jeans und Baumwollhemd stieg aus

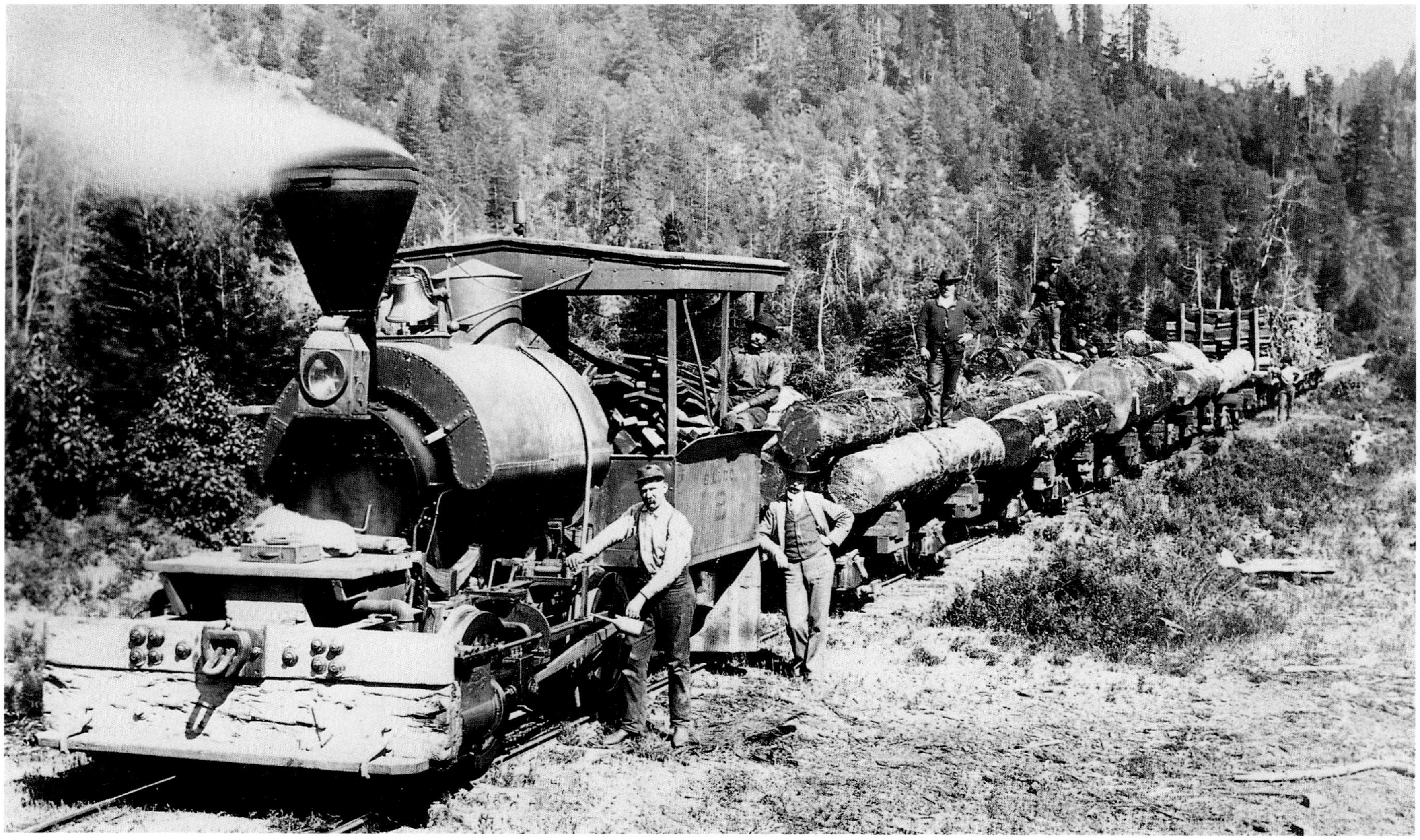

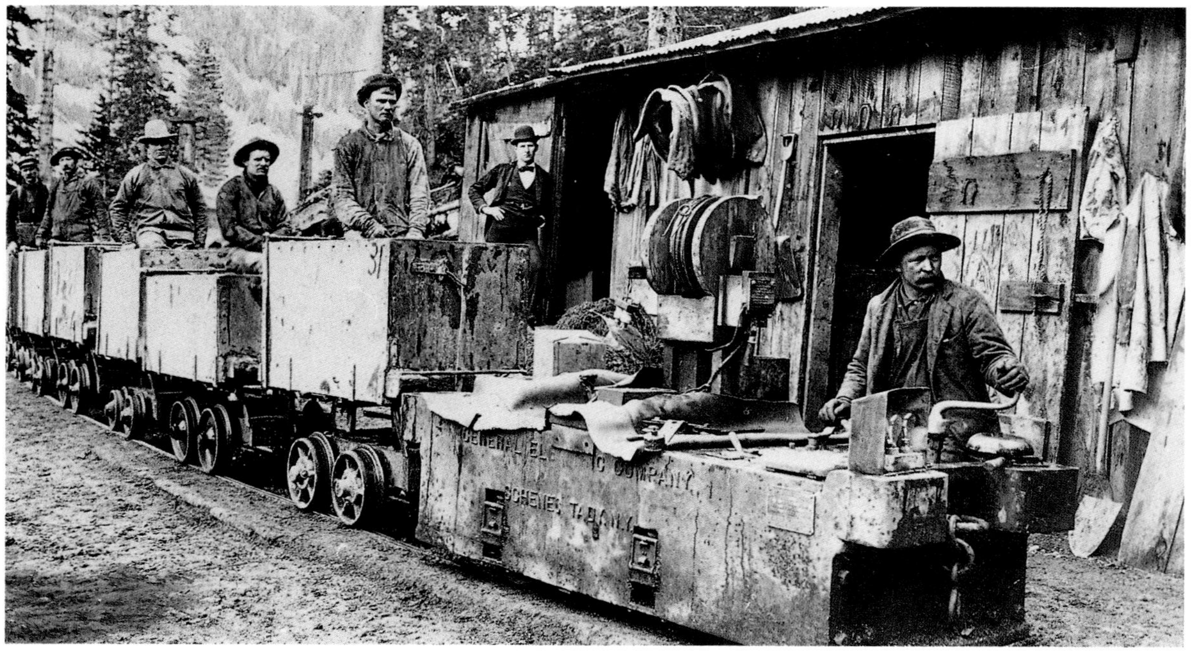

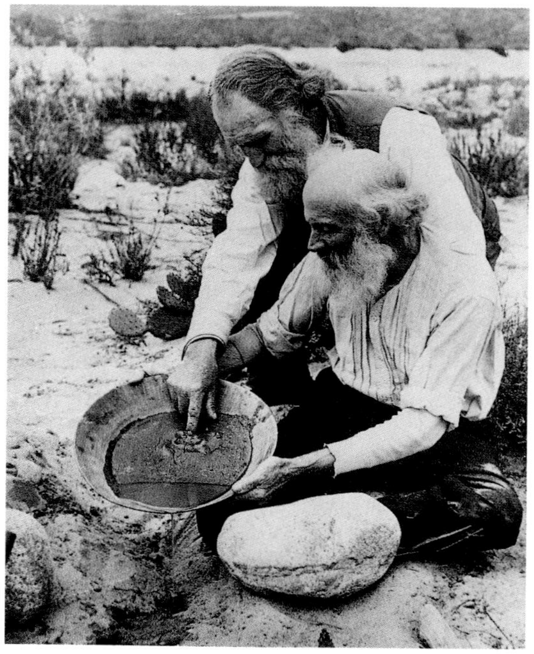

AMERIKAS MARSCH NACH WESTEN

Die eigentliche Erforschung des amerikanischen Westens begann im 16. und 17. Jahrhundert. Den ersten Pelzjägern, Händlern und Militärexpeditionen folgten die Armee und die Karawanen der Siedler ins Land der Indianer. Nach dem Krieg gegen Mexico erhielten die siegreichen USA Kalifornien, Arizona und New Mexico. 1848 begann der kalifornische Goldrausch. Den traditionellen Goldwäschern (Seite 18 unten rechts) folgte bald der organisierte Goldabbau in Minen unter Einsatz technischer Hilfsmittel, wie etwa motorgetriebener Lorenzüge (Seite 18 unten links und Seite 19 oben). Die intensive wirtschaftliche Nutzung der neuen Territorien ging mit einem erheblichen Raubbau an der Natur einher – so wurden etwa die kalifornischen Wälder rücksichtslos abgeholzt (Seite 18 oben; Foto um 1890). – Der Bau der ersten transkontinentalen Eisenbahnverbindung im Jahr 1869 wurde zu einer vielfach gefeierten Pioniertat (Seite 19 unten).

und sagte, daß er J.J. heiße. Er schaute etwas abschätzig auf Sal, was ihm keiner verdenken konnte, schob seine rote Baseball-Mütze aus der Stirn und sagte: Schätze, ihr habt ein Problem. Und dann rückte er wortlos einen Tropfen Benzin raus und begleitete uns zu einer Tankstelle kurz vor Cameron.

Natürlich wollte ich volltanken, doch der dunkelhäutige Mann mit dem schwarzen glatten Haar fragte: Für wieviel Dollar?

Voll, sagte ich.

Für wieviel Dollar? wiederholte der Mann, der Phillip hieß.

Wie sollte ich das wissen? Ich gab ihm fünf Dollar, und Phillip gab mir Benzin für fünf Dollar, und noch immer war Luft im Tank.

Ich gab ihm weitere zwei und noch einmal einen, und noch immer war der Tank nicht ganz voll. These fuckin' redskins, sagte J.J., eine Cola in der Hand. Die werden nie richtige Amerikaner.

Majestätische Landschaft im Monument Valley, das teilweise in Utah, zum größten Teil aber in Arizona liegt. Im Hintergrund die schlanken Felstürme mit dem poetischen Namen «die Zwölf Tänzer».

Sal sagte ausnahmsweise einmal nichts. Sie saß in einem Truck-Reifen und schien zu schlafen. Die Hand lag offen in ihrem Schoß, und man sah die blasse Haut der Innenfläche, den merkwürdigen Kontrast zur dunklen Haut des Arms.

Wie sollte man dieses merkwürdige Geschäftsgebaren auch verstehen in einem Land, das sich so viel einbildet auf Effektivität und Schnelligkeit und in dem man doch selbst jedem Fremden erst einmal bedingungslos vertraut, ihn schon nach wenigen Minuten zu sich nach Hause einlädt und ihm das Auto oder die Ferienwohnung überläßt? Phillip vertraute nicht: Er war nur sicher, daß man ihn nicht betrog, wenn er vorher das Geld bekam. Erst die *bucks*, dann die Ware. Und so seltsam und unwirklich diese Situation auf dem staubigen Platz

Eine der eindrucksvollsten Säulengruppen im Monument Valley: der Totem Pole (rechts), umgeben von den «Zwölf Tänzern», die die Navajo-Indianer Ye-be-chai, «tanzende Götter», nannten.

vor den Zapfsäulen auch war – in dem Verhalten der beiden Männer drückten sich in verblüffender Weise die Probleme und Gegensätze dieses Landes aus: J. J., der selbstbewußte Yankee aus dem Staat New Jersey, einer der Hunderttausenden von Neubürgern, die – angelockt von attraktiven Lebensbedingungen, hohen Löhnen und niedrigen Kosten – in den Südwesten der USA strömen, und auf der anderen Seite Phillip, einer der eingeborenen Bürger, denen man den Grund und Boden unter den Füßen weggezogen hatte und denen man absprach, richtige Amerikaner zu sein.

Ich schaute in die graubraune Weite. Was war das nur für ein Land, in dem diese beiden Männer ohne jedes Verständnis für den anderen nebeneinanderherleben konnten? Dies ist das Land der Zukunft, sagte J. J. Und Phillip sagte, etwas später, als wir mit ihm noch eine Cola tranken: Dies ist ein Land zum Sterben.

ES TAT WIRKLICH WEH. Ich stützte mich auf den Arm, griff nach dem angebissenen Schinken-Sandwich auf der Konsole und blickte in den flimmernden Kasten, in dem irgendein anämischer Typ seine Gitarre malträtierte. MTV rund um die Uhr. Ich fühlte mich wie gelähmt, und das hatte nichts mit der Hitze zu tun, die jetzt noch, im Übergang vom Tag zur Nacht, voller Wollust war. Tucson ist mörderisch.

Es mußte etwas passieren. Ich griff nach der Fernbedienung. Channel 4. Channel 7. Channel 11. Da endlich: Chicago. Schwarze Limousinen mit Lederpolstern. Die Männer tragen Hüte, auch in den Räumen. Der Mann im Anzug ist der Boss. Er sagt: «Joe wird immer mächtiger, er herrscht jetzt schon über den ganzen Osten der Stadt.» Der Mann in der Weste und mit dem Colt im

Schulterhalfter fragt: «Was ist mit Wallace?» «Der kassiert von beiden Seiten», antwortet der Boss und kaut auf einer dicken Zigarre. Der Mann in der Weste ist der Sottocapo, so heißen diese Leute in diesen Kreisen. Er denkt nach: «Machen wir ihm doch ein Angebot, das er nicht ablehnen kann.»

Schnitt.

Ein Big-Mac rast über einen Highway, überholt Mustangs und Trucks, durchbricht Mauern und ist von niemandem zu bremsen. «Burger King schafft alles und alle», sagt eine Stimme.

Schnitt.

Der Mann, den sie Boss nennen, sagt: «Ich brauche Männer, keine Memmen.»

Mein Gott, das half auch nicht. Warum hatte sie das nur getan?

DEN ERSTEN GROSSEN KRACH hatten wir ungefähr 90 Kilometer nördlich von Salt Lake City, bei Brigham

Felsformationen in der Nähe von Lee's Ferry im Grand Canyon National Park: von der Erosion geschaffene, riesige Pilze aus Stein.

City. Sie wollte runter vom Highway 84, und ich wollte natürlich drauf bleiben.

Mann, sagte ich, da ist dieses Utah so groß wie die Bundesrepublik, hat anderthalb Millionen Einwohner, und du mußt gerade mir über den Weg laufen.

Mir wär' Robert Redford auch lieber gewesen.

Robert Redford?

Der lebt hier oben auf 'ner Ranch. Hat sogar 'ne Art Skiparadies.

Fahr doch hin.

Ich kann nicht Ski fahren.

Wußtest du, daß der Durchschnittsamerikaner 1,72 Meter groß ist, 71,5 Kilogramm wiegt und 74,5 Jahre alt wird? Das haben Wissenschaftler mühsam rausdestilliert aus rund 250 Millionen Amerikanerinnen und Amerikanern.

Honeymoon Arch im Mystery Valley, einem entlegenen Teil des Monument Valley, der nur mit einem einheimischen Führer zugänglich ist.

Bullshit, was soll das? Lenk nicht ab.

Der statistische Durchschnittsamerikaner trinkt in seinem Leben 5453 Liter Cola, walkt 85 Kilogramm Kaugummi durch seine Zähne, sitzt 20 Quadratmeter Jeans durch und gehorcht Autoritäten.

He, du sollst nicht ablenken. Ich will da rauf auf den Paß. Und zwar ziemlich bald.

Ich gab noch nicht auf. In den letzten fünf Jahren hat der Große Salzsee seine Oberfläche verdoppelt, sagte ich ganz ernst, und ich will sehen, wie er sich in das Land reinfrißt. Der soll fünfzehnmal so groß sein wie der Bodensee.

Wie wer? Sie zog eine Grimasse.

Like the Bodensee.

Sie verstand kein Wort. Vielleicht sollte ich Spanisch sprechen, aber das konnte ich genausowenig.

Mann, sei doch nicht immer so stur. Wenn wir schon in dieser gottverlassenen Gegend sind, dann laß uns doch rauf zum Promontory-Paß fahren. Das ist jener denkwürdige Ort, wo am 10. Mai 1869 die Schienenstränge der Union Pacific und der Central Pacific durch den berühmten «Goldenen Nagel» zur ersten transkontinentalen Eisenbahnstrecke der Vereinigten Staaten verbunden wurden.

Sie strahlte mich an.

Ich schaute verblüfft. Ein so langer Satz, und sogar zusammenhängend und ohne Fehler.

Woher weißt du das? fragte ich.

Sie grinste. Ich mochte den Geschichtslehrer, sagte sie. Und machte aus ihrem Kaugummi eine Blase so groß wie'n Tennisball.

Natürlich tuckerten wir rauf zum Promontory-Paß und ließen Rock Springs sausen, und irgendwann standen wir auch verschwitzt und hungrig vor den beiden originalgetreuen Nachbildungen jener beiden Western-

Fortsetzung Seite 49

ARIZONA
Canyon de Chelly National Monument
Grand Canyon National Park
Antelope Canyon
Monument Valley

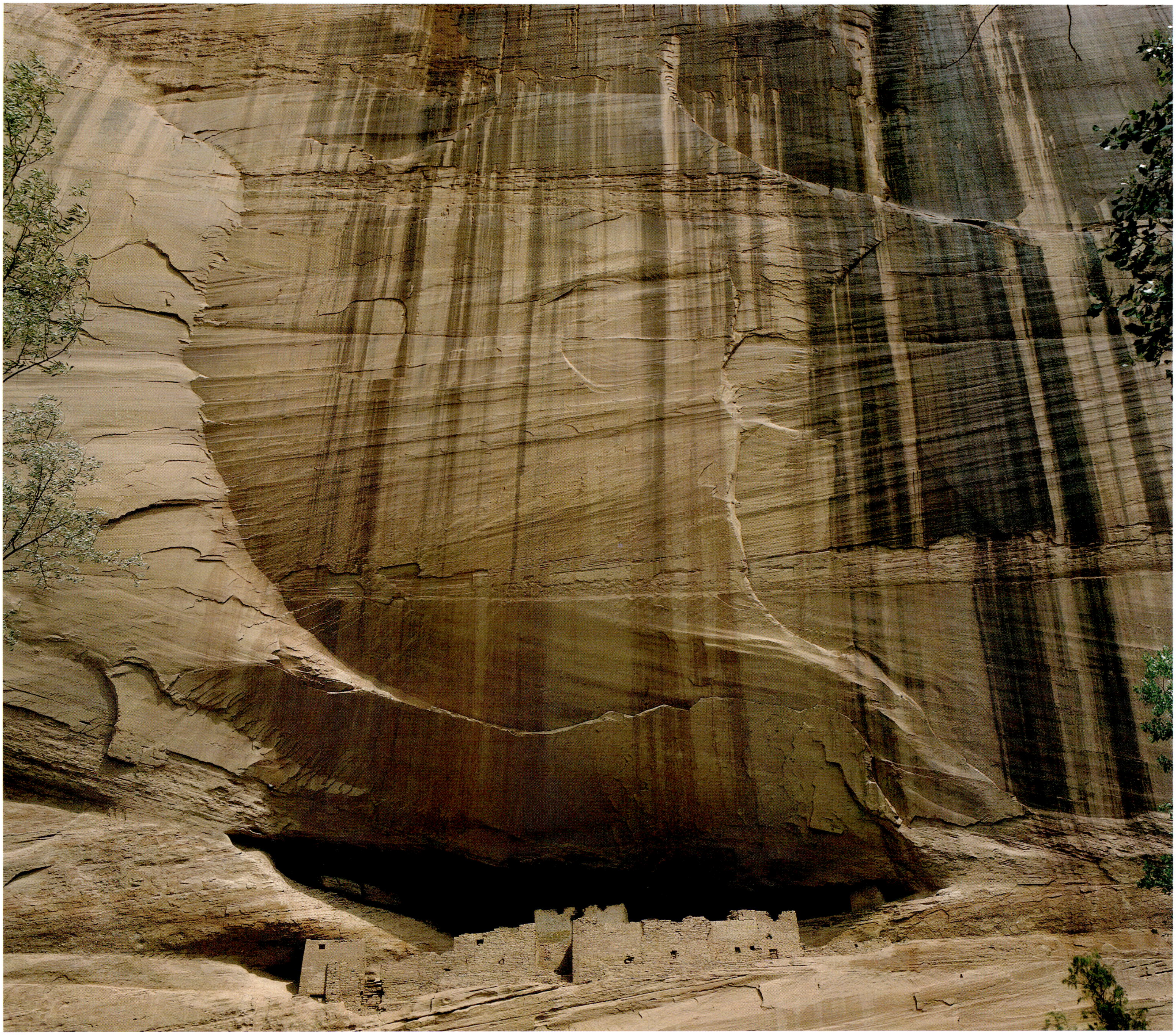

◁ **WHITE HOUSE RUIN** Hingeduckt in die ausgewaschenen Felsspalten des Canyon de Chelly, ist diese Ansammlung von Klippenhäusern ein sicherer Wohnort der Indianer gewesen. Nicht weit entfernt, im Schluchtenlabyrinth des Canyon, wurden die Navajo im Jahre 1864 vernichtend geschlagen.

CANYON DE CHELLY

Nicht zuletzt wegen der malerischen Streifen auf dem bräunlich-roten Sandstein gehört dieser Canyon im Norden Arizonas – hier vom White House Trail aus gesehen – zu den landschaftlichen Höhepunkten des Südwestens. Schon vor zweitausend Jahren war das zum Teil fruchtbare Land besiedelt.

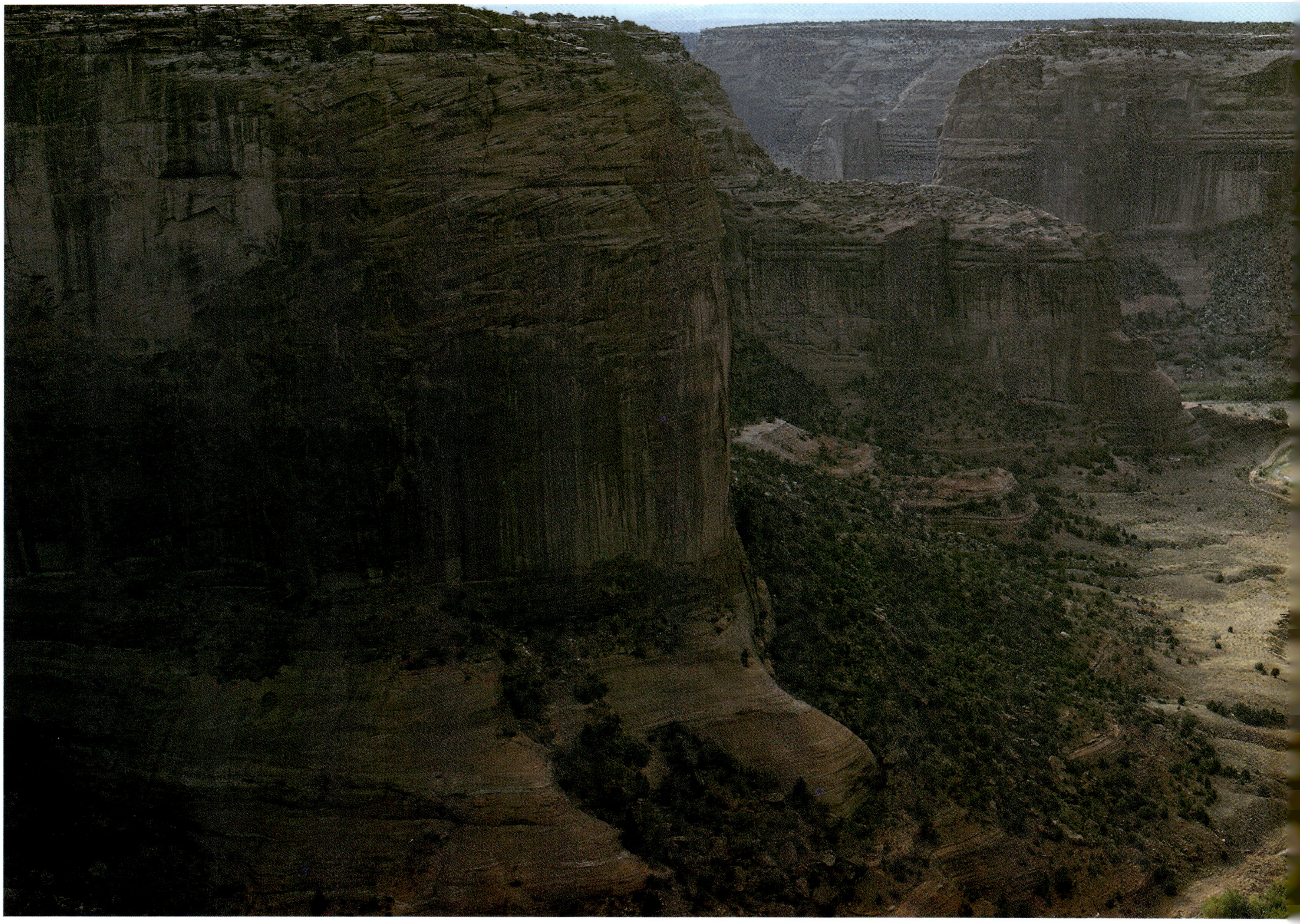

CANYON DE CHELLY

Ein imposanter Blick in die schartigen, schroffen Abgründe der Erde: Nirgendwo wurden so viele und vor allem so kunstvolle Gebrauchs- und Kultgegenstände von Indianern aus vorkolumbianischer Zeit gefunden wie in den Schluchten dieses eindrucksvollen Canyon.

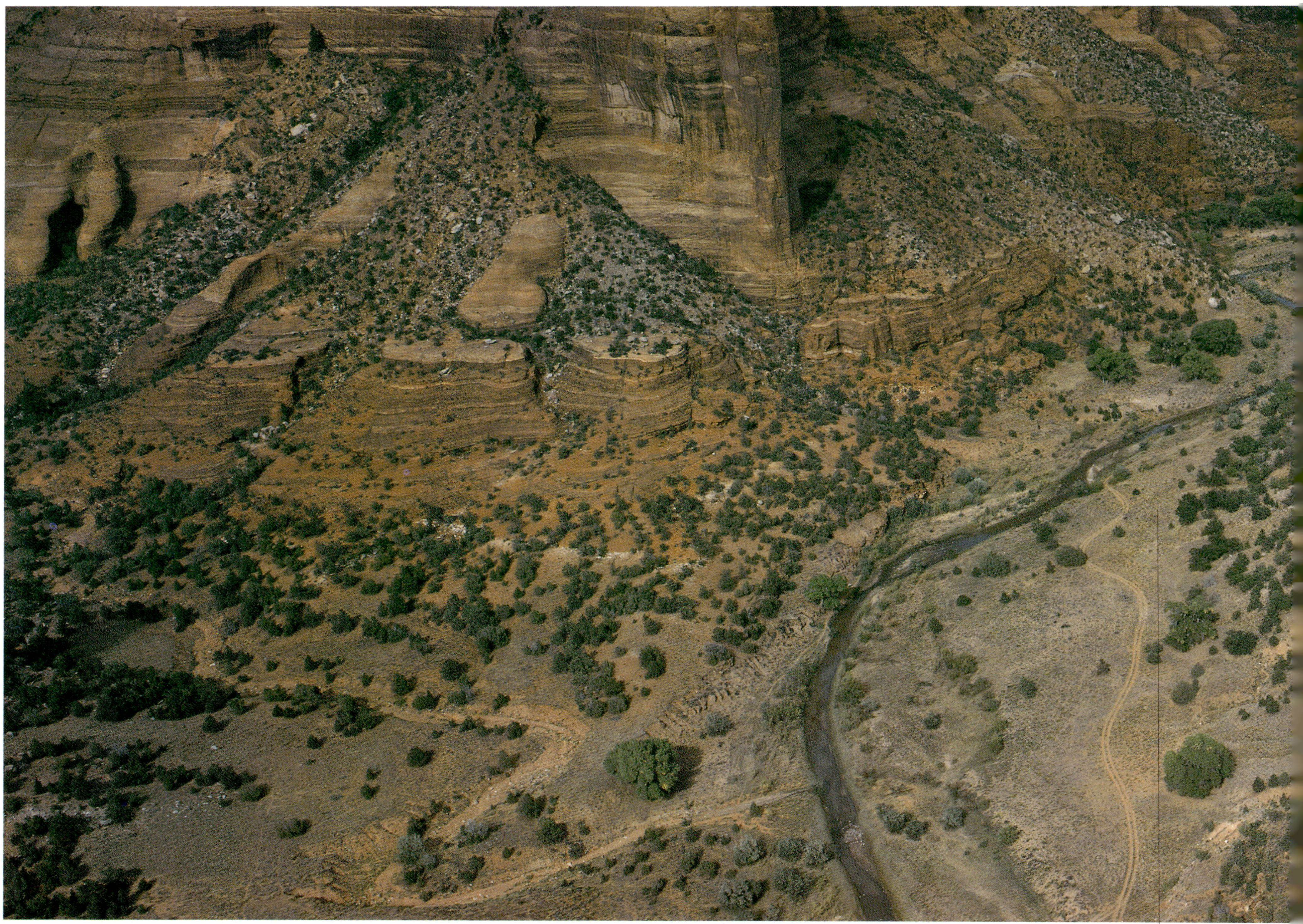

SPIDER ROCK

Wie zwei gigantische Wolkenkratzer ragen die beiden Türme des Spinnenfelsens kerzengerade in den Himmel. Ihr Gestein war härter als jenes, welches den Canyon ausfüllte, weshalb sie die Fräsarbeit der Jahrtausende überstanden haben – einträchtig nebeneinander wie ein altes Ehepaar.

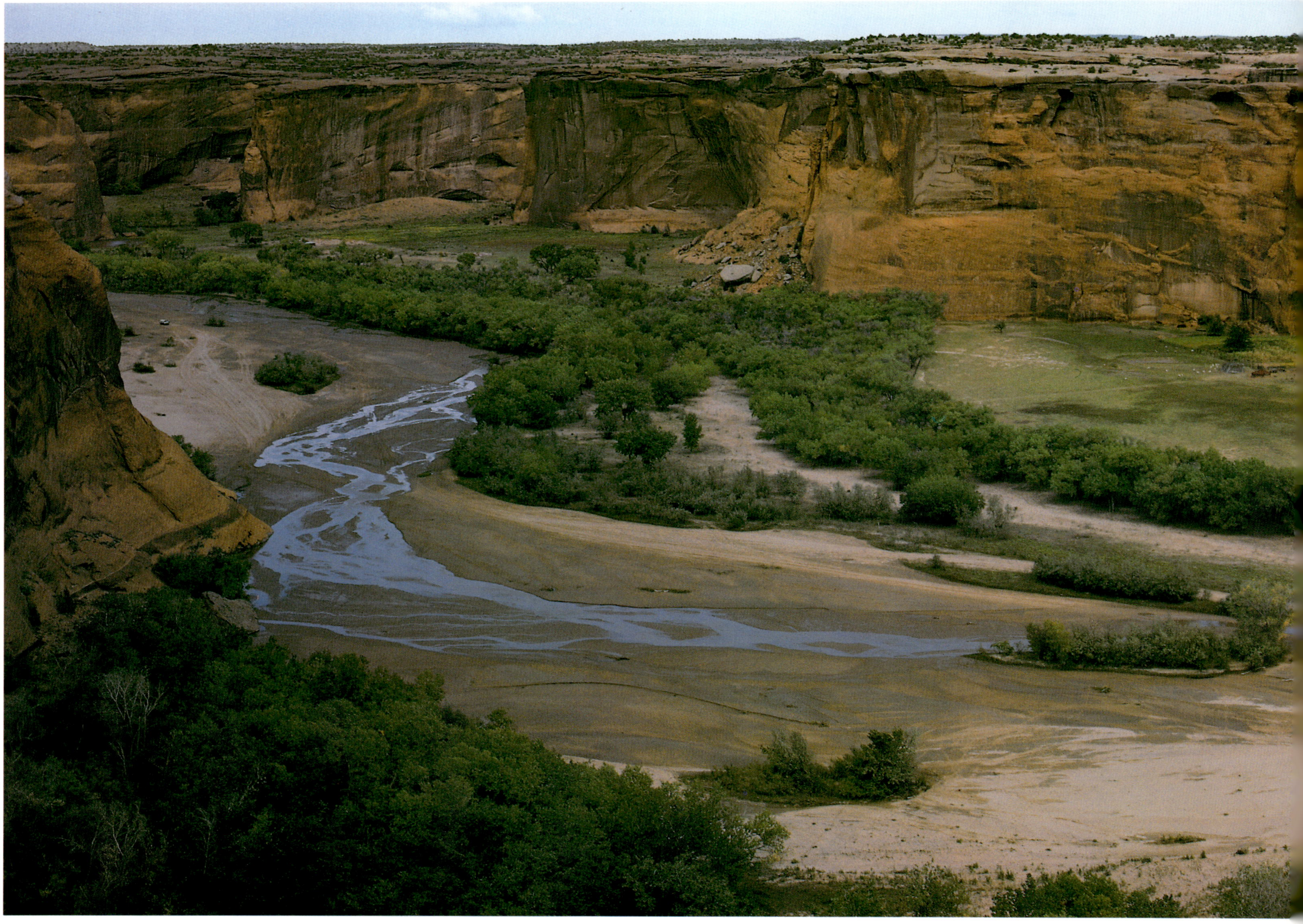

Tsegi Canyon

Dieser Abschnitt des Canyon de Chelly, diese überwältigenden ausgewaschenen Überreste gewaltiger Fluten, vermitteln eine Vorahnung der Ewigkeit. Die Magie dieser Landschaft hängt nicht mehr an einem Wort, nicht mehr an einem Ort – sie umgibt einen von allen Seiten.

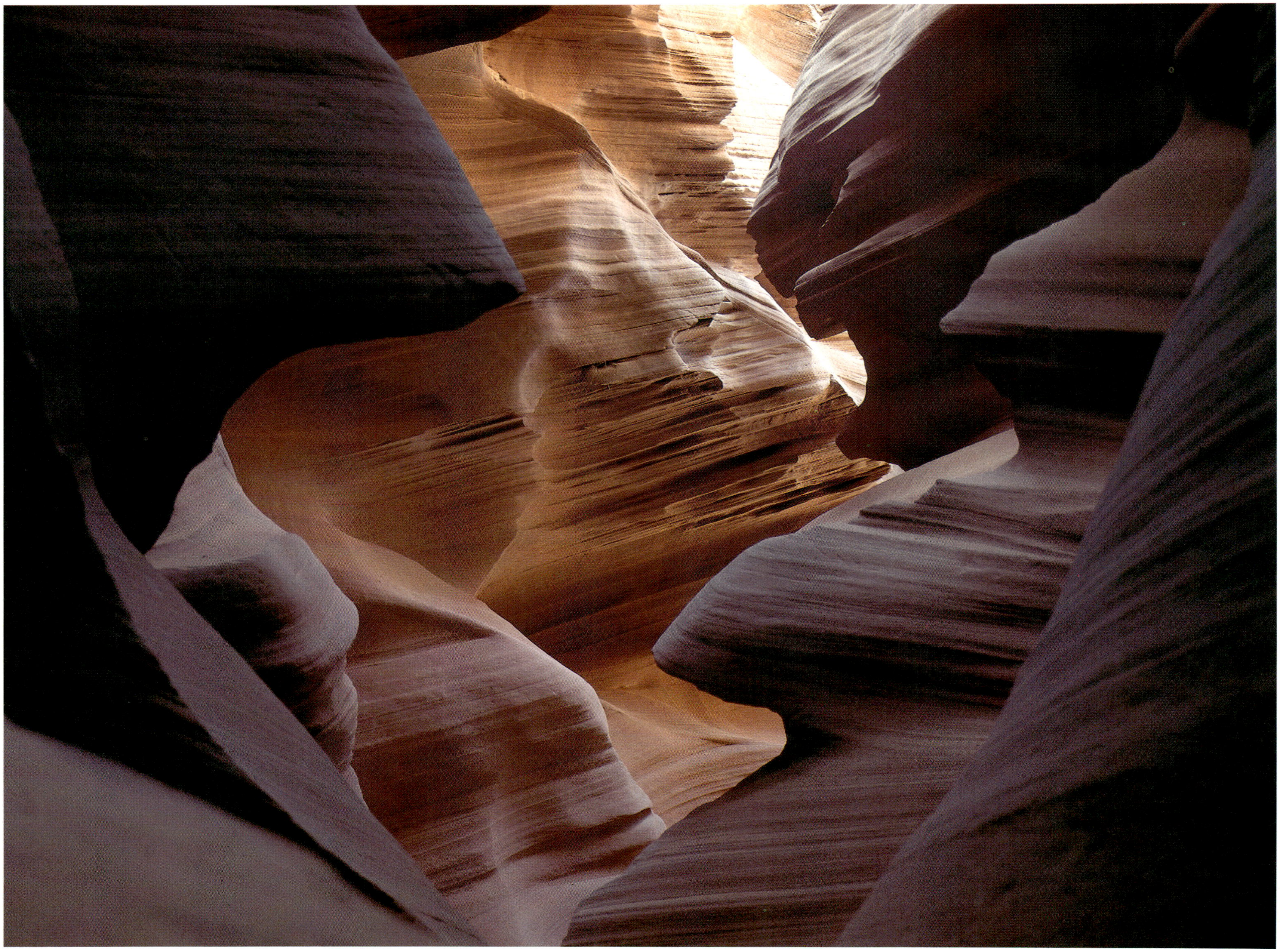

ANTELOPE CANYON

Die unwegsamen und schwer zu findenden Slickrock Canyons, wahre im Fels verborgene Naturwunder, belohnen den Besucher durch unvergleichliche Eindrücke: fast unwirkliche Farben und Felsformationen im diffusen Licht eines bizarren, unterirdischen Labyrinths, ausgewaschen in Jahrtausenden von sedimentführenden Wassermassen.

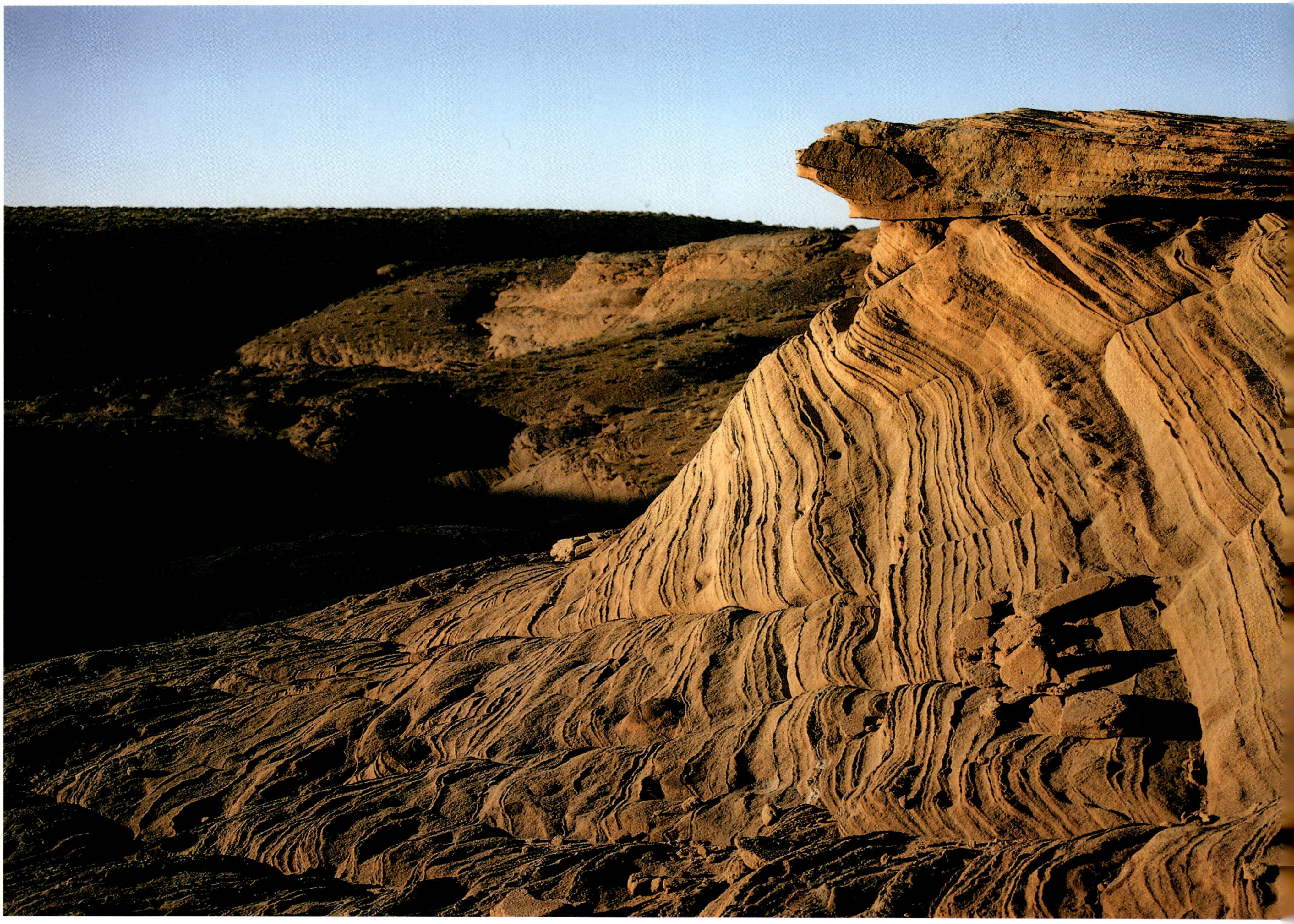

BEIM ANTELOPE CANYON

Wie erstarrte Wellen rollen die Krusten über diesen Sandsteinfelsen in der Nähe von Page, als ob die Erde für einen Moment den Atem angehalten hätte. Das Kolossalgemälde eines Malers? Der Maler ist die Natur, und die Leinwand ist eine versteinerte Düne.

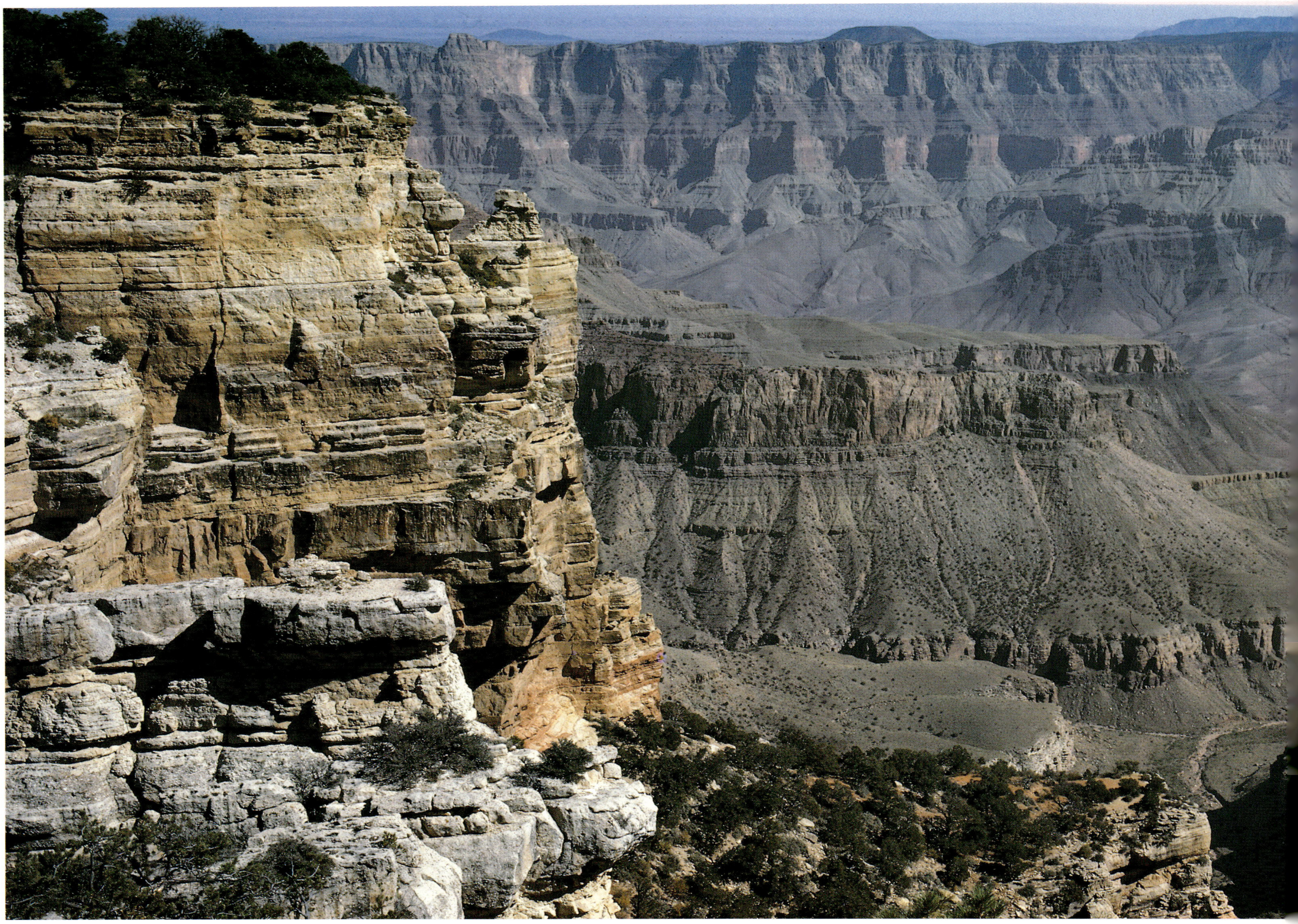

GRAND CANYON

Wer hier am Cape Royal an den Abgrund tritt und auf den in 1750 Meter Tiefe liegenden Colorado blickt, der sich mit urgewaltiger Kraft zwischen den Felsen sein Bett geschaffen hat – der erahnt die unermeßliche Größe der Natur. Im Hintergrund ganz rechts der Navajo Mountain.

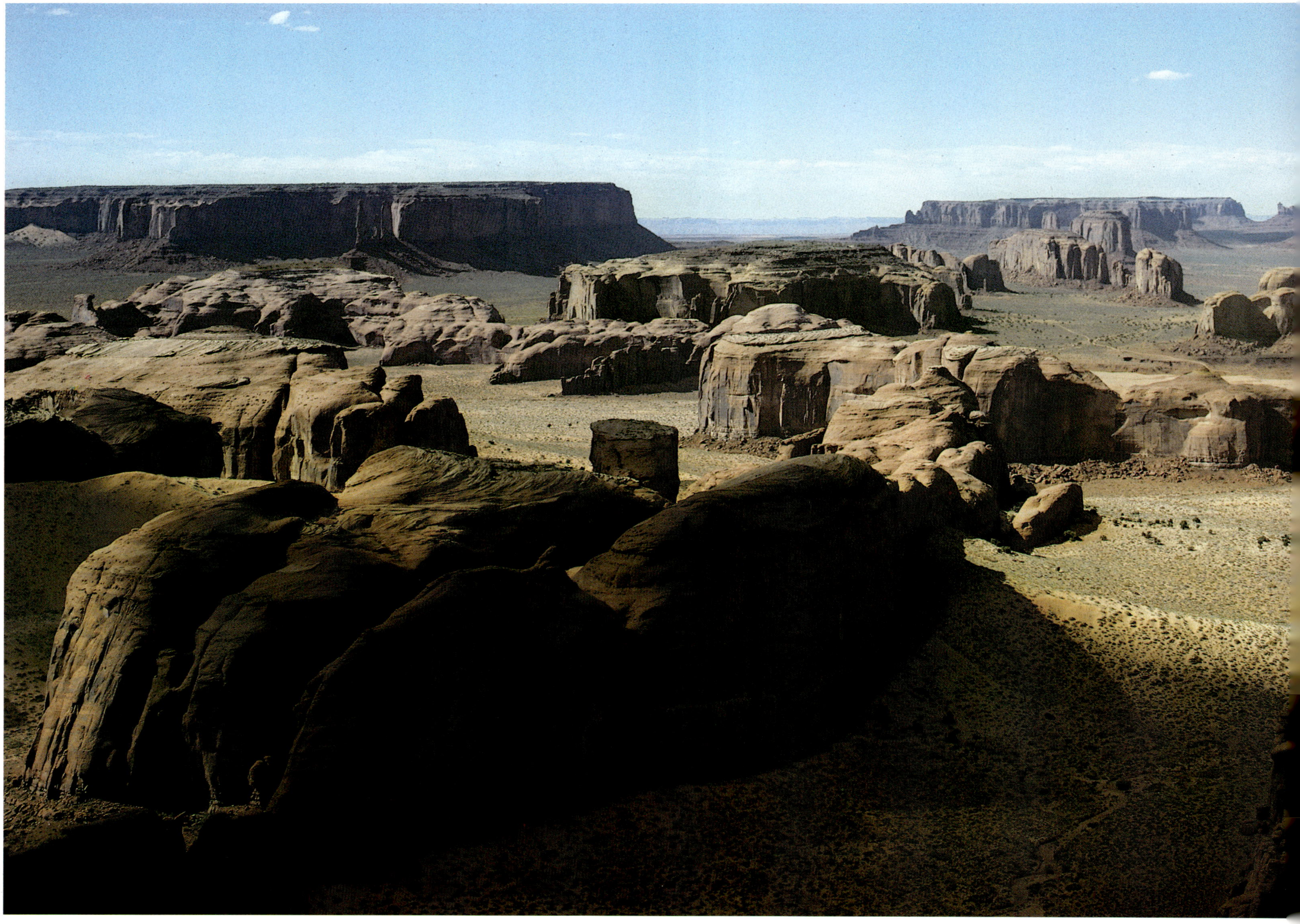

MONUMENT VALLEY

Soviel Schönheit, und gerade diese Schönheit, kann die alltägliche menschliche Einbildungskraft nicht erfinden. Die aufrecht stehenden, an den Rändern bizarr geformten steinernen Monumente sind die Reste einer einst zusammenhängenden Felsmasse.

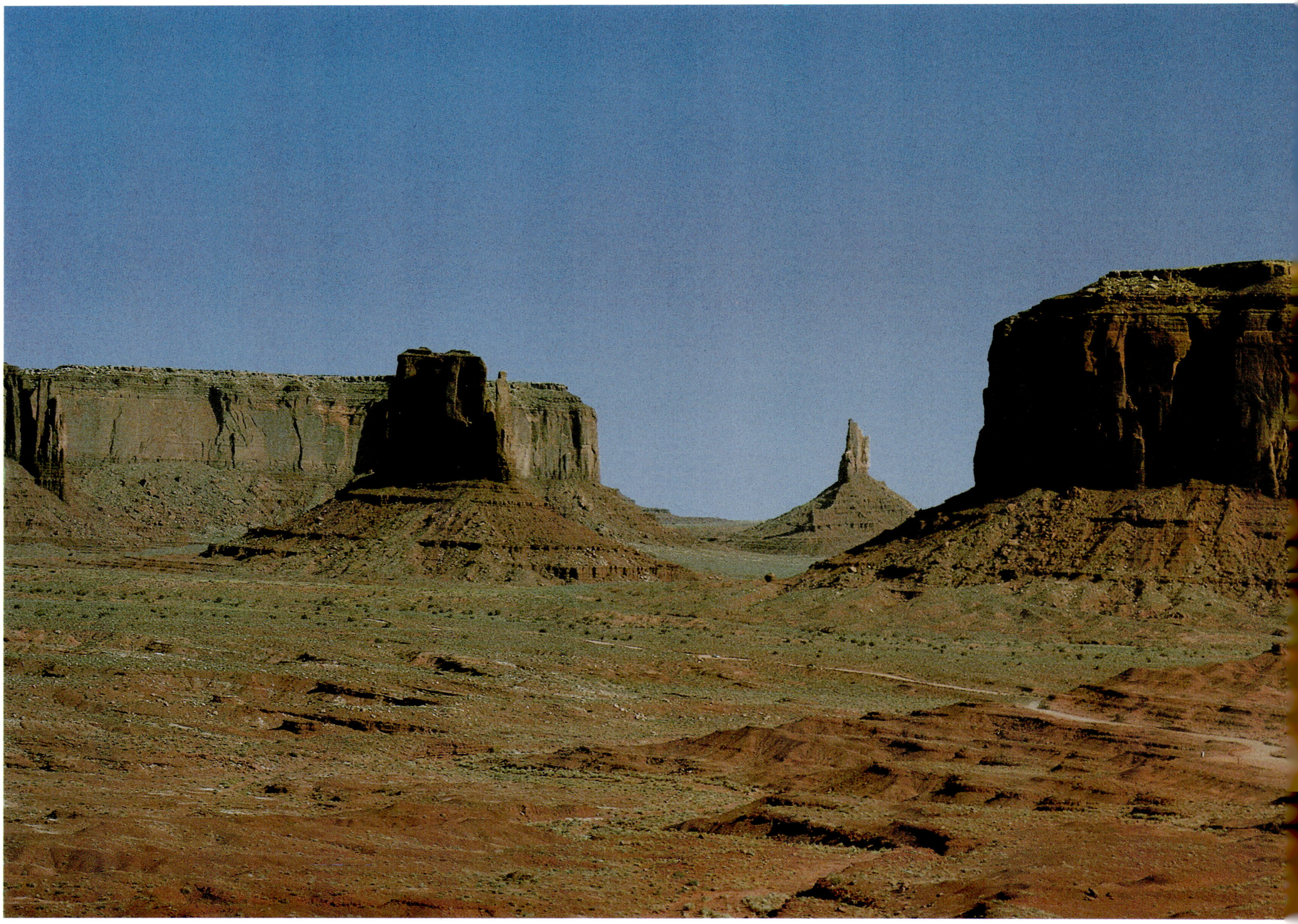

JOHN FORD'S POINT

Für die Indianer sind die gigantischen Felsmassive im Monument Valley Götter, die sich schweigend versammelt haben, um über das Schicksal der hier lebenden Menschen zu richten. Für die Filmindustrie in Hollywood ist diese Landschaft immer nur eins gewesen: eine prächtige Kulisse für die schönsten Western.

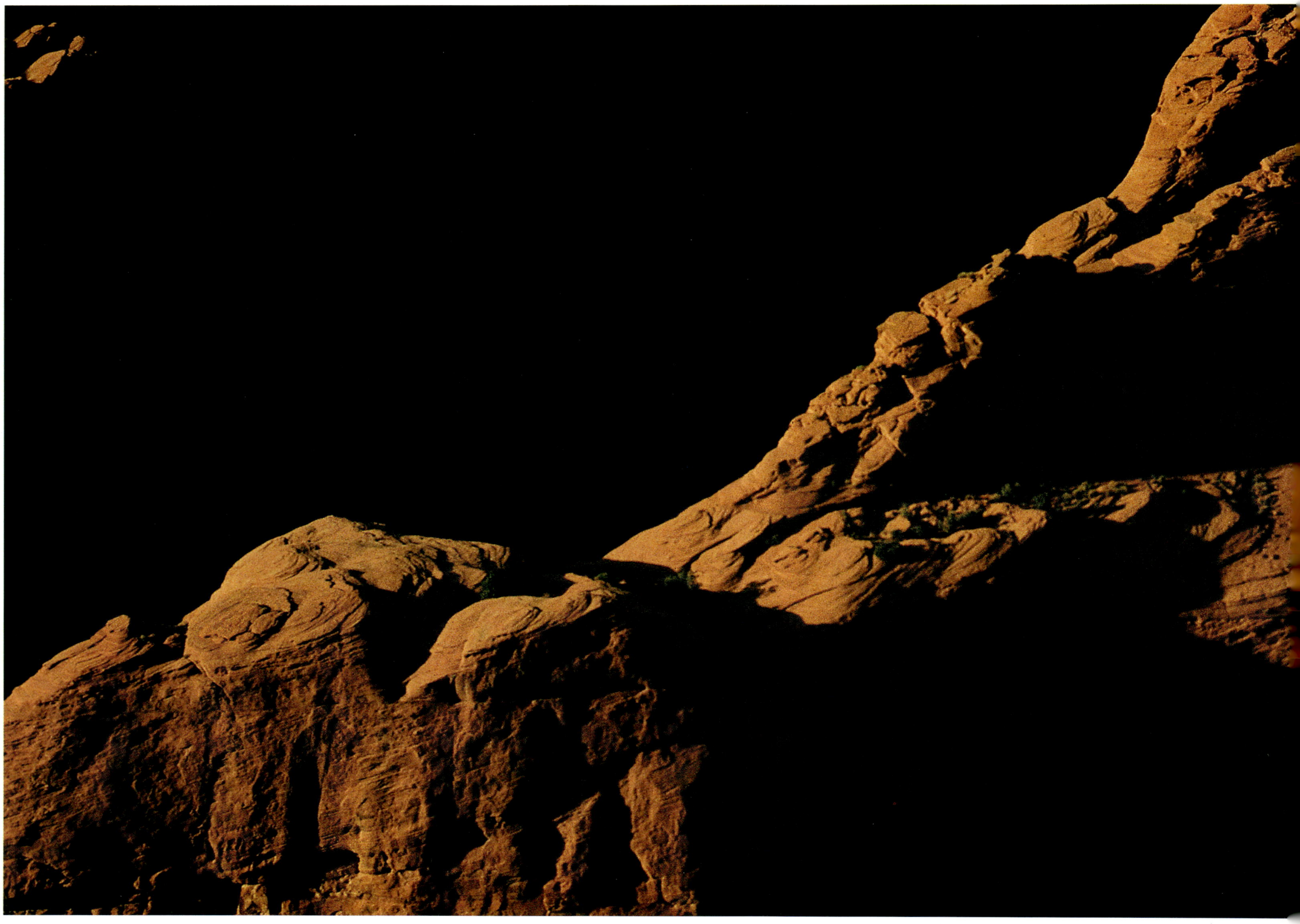

CANYON DE CHELLY

Man hat das Gefühl, in diese tiefen, schwarzen Löcher zu fallen, so groß ist die geheimnisvolle Sogwirkung, die von den Schatten der versteinerten Dünen ausgeht. Dabei ist das alles nur das Werk der Sonne, die atemberaubend schnell hinter dem Horizont abstürzt.

MONUMENT VALLEY

«Die Sonne geht zur Neige, sie übergießt die Felsen, deren mineralisches Rot erst schmilzt und sich dann verflüchtigt, mit Blut», schrieb Simone de Beauvoir in ihrem Reisetagebuch «Amerika - Tag und Nacht». Ist hier die Ewigkeit? Kann hier denn gar nichts passieren?

MERRICK BUTTE

Monumentale Wüstenlandschaft beim Merrick Butte, einem der unnahbaren Felstürme des Monument Valley. Diese majestätische Landschaft unermeßlicher Ruhe und Einsamkeit erhält durch den schillernden Farbstreifen des Regenbogens am Horizont eine geradezu unwirkliche Stimmung.

▷

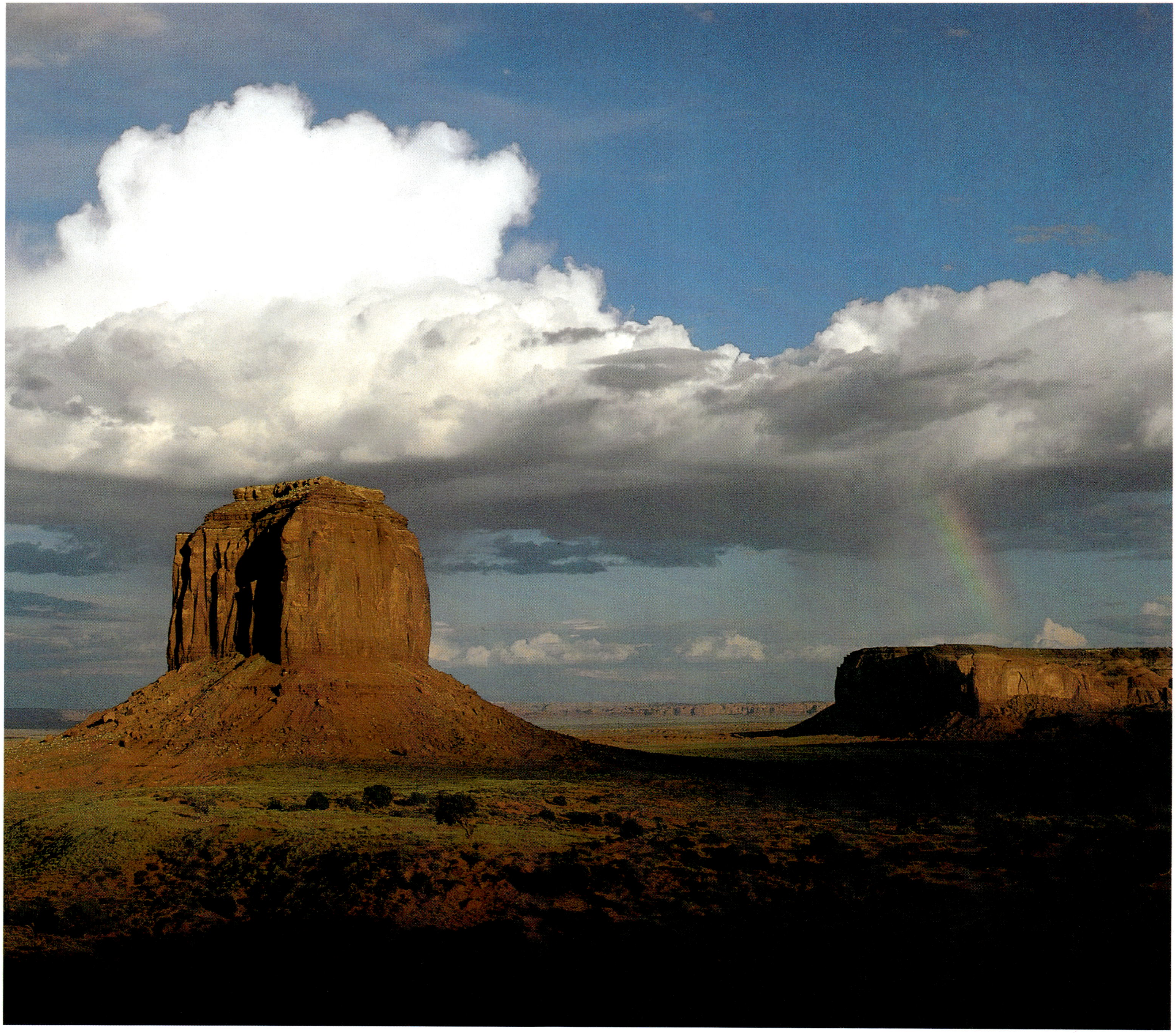

loks, die 1869 genau an dieser Stelle aufeinandergetroffen waren. In weniger als vier Jahren hatten die Eisenbahnbauer damals 1776 Meilen Schienen durch die Wildnis gelegt, ein bis heute unerreichter Rekord. Sagte Sal. Sowas weiß sie. Amerika und seine Rekorde.

Und wieviele Indianer mußten dabei draufgehen?

Sie zuckte mit den Schultern. Das schien sie nicht zu kümmern. Dafür wußte sie, daß von dem Moment an Omaha am Missouri und Sacramento in Kalifornien miteinander verbunden waren.

Und dann drückte sie ihre kleine breite Nase platt, schaute in die weite Grassavanne und meinte in dem Ton, in dem man normalerweise ein Abstimmungsergebnis bekanntgibt: Ich habe Hunger.

Damit war Amerikas Geschichte erledigt.

ICH SCHAUTE AUF DAS HEFT. Mein linker Arm fing langsam an einzuschlafen, und das Ohr wurde schon pelzig von dem Druck der Handfläche. Dieser verdammte Kopfschmerz. Wir hatten uns eine Flasche kalifornischen Wein aufs Zimmer kommen lassen, aber es war wohl alles andere als das gewesen. Ich schaute auf das unförmige Gekrakel vor mir, im Liegen zu schreiben ist nicht einfach. Irgendwie kam ich nicht los von Arizona, vielleicht, weil da alles anfing, mir zu entgleiten.

Es war ja – ich kann es nicht leugnen – ein gutes Gefühl gewesen, diesen legendären Outlaw-Trail zu befahren, der sich von Wyoming über Utah durch Arizona schlängelt, und wenn schon nicht mit einem Pferd, so doch mit fünfzig in einem Motor gebündelten Pferdestärken. Je weiter man nach Süden kam, desto mehr besann sich das weite Land auf sich selbst. Die Abstände zwischen den entlegenen Rinderfarmen nahmen zu, und zwar in dem Maße, in dem die Luft heißer, die Vegetation dürrer und die Gebirgsketten am Horizont schroffer wurden. Irgendwann dann verlor sich das letzte Telefonkabel im Gelände, und plötzlich waren auch die Zäune verschwunden, deren beruhigendes Auf und Ab einem Orientierung und Halt gab. Selbst das Asphaltband der einsamen Straße schien sich in Luftspiegelungen aufzulösen, einer Fata Morgana gleich, während es sich über mehrere Hügelketten in die Unendlichkeit hinzog und mit dem Horizont verschmolz.

Sal hatte ihre Arme fest um mich gelegt und ohne Scheu ihr Gesicht in meinem Nacken vergraben. Und angesichts des immer gleichen Pulsschlags der Maschine versank bald die Gegenwart, und es drängten sich Bilder auf aus einer Zeit, als die Vereinigten Staaten Neu-Mexiko, Arizona und Kalifornien en bloc annektierten – für 15 Millionen Dollar, die man den Mexikanern zahlte, damit sie die Abtretungsurkunde unterschrieben. Das war 1848, und in den fünfzig Jahren danach zeichneten sich diese Länder im wesentlichen durch eine Lücke aus, die zwischen der fortschreitenden Zivilisation und dem hinterherhinkenden Gesetz klaffte, eine Lücke, die viel Raum ließ für die Entfaltung auf Kosten anderer: für die Großrancher, die den Kleinsiedlern das Land wegnahmen, für die Banden von Outlaws, die über Siedlungen herfielen, für die Falschspieler, die ihre Kartentricks mit dem Colt verteidigten, und für alle Bleichgesichter, die den Indianern mit Gewalt und List Eigentum und Stolz raubten.

Ich schaute müde auf das endlose Band der Straße und versuchte mich zu erinnern. Ja, heute umfassen die indianischen Reservate im Südwesten der USA nur noch ein Gebiet von 13 Millionen Hektar. Vor rund 100 Jahren war das Gebiet fast dreimal so groß gewesen, und es sind natürlich nicht die Wüsten, die man den rechtmäßigen Eigentümern weggenommen hatte.

Sal schien mittlerweile eingeschlafen zu sein, was mich irgendwie rührte. Seit dem Zion National Park lief es besser zwischen uns, ich war nicht immer gleich auf 180, wenn sie mal wieder ihren Willen durchsetzen wollte, und sie hielt auch ab und zu mal den Mund; wenn sie wach war, redete sie sonst pausenlos.

Und dann waren wir am Grand Canyon gewesen, oben in Hermits Rest, von wo wir einen atemberaubenden Blick hatten auf die schartigen, schroffen Abgründe des Canyon, und es war grotesk zu sehen, wie unfruchtbar das alles war, trotz des vielen Wassers, das der Colorado mit sich führt. Das spröde Buschwerk beiderseits des Flusses hätte selbst dem anspruchslosesten Tier nicht genügt.

Doch die Erklärung ist einfach: Der Colorado, die Hauptschlagader des Südwestens, wird ausgepreßt bis zum letzten Tropfen, und doch ist er produktiver als das größte Unternehmen: Mehr als eine Milliarde Dollar erwirtschaftet er pro Jahr. Er ist unentbehrlicher Zulieferer

Blick vom Maricopa Point am South Rim in den Grand Canyon – eine verwitterte Urlandschaft zerklüfteter Plateaus, Bergrücken und Grate, die an Bilder fremder Planeten denken läßt.

für Farmer. Er bewässert Millionen Morgen Land. Er erzeugt Strom. Er ist die Grundlage für eine weitverzweigte Freizeitindustrie. Auf seinen Stauseen tanzen erlebnishungrige Wassersportler. Sein Wasser fließt sogar durch die Uhren von L.A. Selbst die Slot Machines von Las Vegas bringt er zum Klingen.

Dabei ist er in seinem Bett ein armer Kerl. Er, der sich in die Ewigkeit der Erde gefräst hat, er ist nicht mehr der alte, seine Urkraft ist gebrochen. Neun Zehntel seines 2335 Kilometer langen Weges sind von Felsen gesäumt, 1600 Kilometer führen allein durch Canyons, durch Gräben, die der Colorado mit seiner einst ungestümen Gewalt in den Boden gesägt hat. Er war der letzte Wilde des Westens, und es hat die Menschen gigantische Anstrengungen gekostet, ihn zu unterwerfen, ihn zu bändi-

Sanfte, fast unwirkliche Farben und bizarre Schatten auf den kahlen, von der Erosion geformten Felsoberflächen: Blick vom South Rim, dem Südrand des Grand Canyon, auf die Schluchtlandschaft.

gen, ihm Dämme entgegenzustemmen, ihm die riesigen Stauseen aufzuzwingen, die heute das Eldorado der Wassersportler sind. Natürlich ist er deshalb nicht mehr so gefährlich, nicht mehr so gefräßig wie noch vor hundert Jahren, als er all die tapferen Versuche der Siedler, an den wenigen flachen Ufern etwas anzubauen, unter seinen jäh steigenden gewaltigen Fluten begrub.

Wenn du da runtersteigst, sagte ich, durchschreitest du zwei Milliarden Jahre Erdgeschichte.

Muß nicht sein, antwortete Sal und gähnte.

Da findest du Spuren von Kreaturen aus der Vorgeschichte. Aus längst verschwundenen Meeren.

Hab' mit den Kreaturen im Hier und Jetzt schon genug zu tun.

Ich denk', du interessierst dich für die Geschichte deines Landes.

Sie schaute treuherzig. Ist alles 'n bißchen lange her, nicht wahr?

Ich schaute in den Reiseführer. Weißt du, wie der Fluß endet?

Ja.

Ein Leutnant Joseph Christmas Ives hat beschrieben, wie der ins Meer… Ich schaute auf. Du weißt es?

Ja.

Wie denn?

Mickrig. Beschissen. Unwürdig.

Hier steht, wie's 1858 noch war, lange vor dem Hoover-Damm. «Ich sah eine große Woge», schrieb dieser Ives, «viele Meter hoch. Ich sah sie im Mondlicht aufblitzen und funkeln. Sie reichte von einem Ufer zum anderen und schoß auf uns zu.

Die breite Fläche des Flusses um uns herum kochte auf und schäumte wie Wasser in einem Kessel. Und dann, nach einem kurzen Augenblick, kam das Ganze zurück – mit dem Donner eines Katarakts.» Ich machte eine Pause.

Ein Leutnant als Dichter, sagte sie.

Und heute ist das Ganze ein dünnes Rinnsal. Mehr stehend als fließend. Die letzten Reste eines wilden Kerls. Ein Trauerspiel.

Man preßt ihn halt aus wie eine Zitrone, sagte sie noch, aber da war sie schon auf dem Weg zurück zum Motorrad. Ihr Mitleid mit dem Fluß war eher mäßig.

Wie gesagt, da hatten wir schon so eine Art Burgfrieden geschlossen. Und jetzt schlief sie sogar. Wir fuhren bereits wieder rund zwei Stunden und waren nicht mehr weit von Williams entfernt. Ihr Kopf lag schwer in meinem Nacken, machte die Schwingungen der Maschine, das Auf und Ab der Federbeine leicht und wie selbstverständlich mit, so daß es nicht mehr lange dauerte, bis ich wieder meinen Gedanken nachhing. Wie konnte man nur all die Tragödien fassen, die dieses Land und

Faszinierende Felszeichnungen der Anasazi-Indianer im Mystery Valley des Monument Valley Navajo Tribal Park.

seine Ureinwohner erlebten? Wie diese Erinnerungen richtig beurteilen angesichts des Mythos, der die Greueltaten noch immer wie mit einem Schleier überzieht? Sollte ich das Credo erwähnen, das schon vor mehr als hundert Jahren gepredigt wurde und aus dem Unterbewußtsein der weißen Eroberer nie ganz verschwunden ist, nämlich, daß ein Mann kein Mann ist, wenn er sich nicht zum Kampf stellt? Wie hieß das noch? Genau. «You have to shoot it out.»

Vielleicht aber sollte ich nur die Augen aufmachen und schildern, was ich sah, und mich um die Einordnung nicht kümmern. Ich könnte zum Beispiel die Saguaro-Kakteen beschreiben, welche die Wüsten Arizonas überziehen, diese zum Teil verkrüppelten, verwundeten, dem Tod geweihten riesigen Pflanzen, die in der Wüste stehen wie mächtige Sinnbilder des Elends. Mit

Eine Vielfalt von Felsbildern im Monument Valley bezeugt noch heute die vergangene Kultur der präkolumbianischen Anasazi-Indianer.

ihren weitverzweigten Wurzeln saugen sie noch den letzten Tropfen Feuchtigkeit aus dem Wüstenboden und speichern das Wasser in ihren unförmigen Körpern, bis sie an ihrem eigenen Gewicht zugrunde gehen.

Ich könnte aber auch ganz nah an die Natur herangehen und die lebhaften, wehrlosen kleinen Vögel im Umfeld dieser Riesenkakteen beschreiben, die sich in dem Gewirr von Stiletten, in diesem Geflecht von Stacheln waffenstarrende Festungen bauen, uneinnehmbar für jeden Feind aus der Luft.

Ich könnte das Land und seine Probleme aber auch mit ein paar Anekdoten deutlich machen, wie jener von dem zähen Burschen von Sheriff, der noch vor dreißig Jahren hier in Arizona zwei Diebe jagte und dabei in der Wüste von einer Klapperschlange gebissen wurde. Der Mann brannte die Wunde aus, verfolgte die Spuren der Verbrecher weiter und überraschte sie im Schlaf. Er fesselte ihre Hände, warf die Schlüssel der Handschellen in eine Schlucht und machte seinen Gefangenen klar, daß sie nur überleben konnten, wenn sie sich schnell auf die Beine machten und Hilfe holten.

Sal schmatzte. Rieb ihre Nase an der Lederjacke. Streckte ihre Arme. Und fiel in die vorige Position zurück. Ihr Gottvertrauen müßte man haben. Wenn aber all diese Geschichten nicht stimmen, träumte ich weiter, wenn solche Episoden mehr mit Hollywood als mit der Wirklichkeit zu tun haben, was dann? Dann blieb mir nichts anderes übrig, als tiefer in das Land einzudringen. Aber wie?

Ich kann dir nicht helfen, Sundance, sagt Butch sanft. Macon, dieser riesige, gefährliche Kerl, zögert. Man sieht, wie die Worte in ihm nachklingen. Und dann hat er kapiert, und in seinen Blick steigt Entsetzen. Sundance steht nur da, die Hände am Colt, und sagt nichts.

Als ich sagte, du würdest falschspielen, sagt Macon mit Panik in der Stimme, da wußte ich nicht, wer du bist. Sundance steht da und schweigt. Seine Augen sind auf Macons Hände gerichtet, die noch immer in Höhe der Pistolen baumeln.

Wenn ich ziehe, dann bringst du mich um, sagt Macon.

Schon möglich, sagt Sundance und dehnt die Worte.

Butch tritt vor und tut das, was er immer gerne tut: Er mischt sich ein. Nein, Sir, Sie bringen sich selbst um, sagt er. Und, etwas drängender: Sie brauchen uns nur einzuladen hierzubleiben.

Und Macon bittet Sundance hierzubleiben.

Die weißen Streifen zogen unter dem Motorrad durch, in einem immergleichen Rhythmus. Ebenso schnell, wie sie auf uns zustürzten, wurden sie verschlungen. Hieß es nicht «You have to shoot it out»? Natürlich. Sundance war ja noch nicht fertig.

Macon beobachtet, wie Sundance die *bucks* vom Tisch klaubt und rausgehen will. Hey, Kid, ruft er ihm nach, wie gut bist du eigentlich?

Und in derselben Sekunde springt Butch, der zwischen Sundance und Macon steht, wie der Teufel zur Seite, und Sundance wirbelt herum, geht in die Knie, zieht in dem winzigen Bruchteil einer Sekunde seine beiden Colts, die explodieren, und Macons Pistolengürtel fällt, von Kugeln getroffen, auf den Boden, der Colt macht einen Satz, und Sundance trifft ihn wieder und wieder, so daß er wie eine Schlange über den Boden rutscht, zuckt, noch einmal zuckt und schließlich zitternd zur Ruhe kommt.

Ich schreckte zusammen, die Maschine schlingerte, holperte für einen Moment über den Seitenstreifen. He, Mann, gähnte Sal in meinem Nacken, was ist denn los?

Sundance hat gezeigt, was er kann, brüllte ich durch den Fahrtwind nach hinten.

Ihr seid verrückt, ihr Europäer. Total verrückt.

Die Colts schweigen. Macon machte einen tiefen Seufzer. Die Maschine tuckerte ruhig weiter.

H OLE-IN-THE-WALL HÄTTEN WIR UNS ANSCHAUEN SOLLEN und nicht den Promontory-Paß, dachte ich und schaute durch die offene Terrassentür auf den Swimmingpool, in dem eine ältere Frau mit einer rosa Badekappe einsam planschte. Aber dieses weiträumige fruchtbare Tal, das zwischen steilen roten Felswänden liegen soll, war einfach zu weit weg gewesen von unserer Route, nämlich oben in Wyoming, hinter Shoshoni. Aber gereizt hätt's mich schon.

Die Bilder hab' ich schließlich nie vergessen, und ich werde mein ganzes Leben behaupten, Butch Cassidy und Sundance Kid dort gesehen zu haben. Denn als Butch nach der eindrucksvollen Einlage von Sundance nach Hole-in-the-Wall zurückkam, da erlebte er eine kleine Überraschung: Seine Leute hatten sich von ihm abgewandt, hatten sich, da er ja nur selten da war, einem vierschrötigen Typen namens Harvey Logan untergeordnet, der auch gleich einen Plan hatte, wie sie den Union Pacific Flyer ausrauben sollten: nicht nur auf dem Hin-, sondern auch auf dem Rückweg. Da würden sich die Eisenbahnleute in Sicherheit wiegen und alles an Geld reinpacken, was sie hatten.

Der Newspaper Rock im Indian Creek Canyon in Utah. Die Felswand ist mit Zeichnungen der Anasazi-Indianer so dicht bedeckt, daß man sie mit einer Zeitungsseite verglich.

Fortsetzung Seite 61

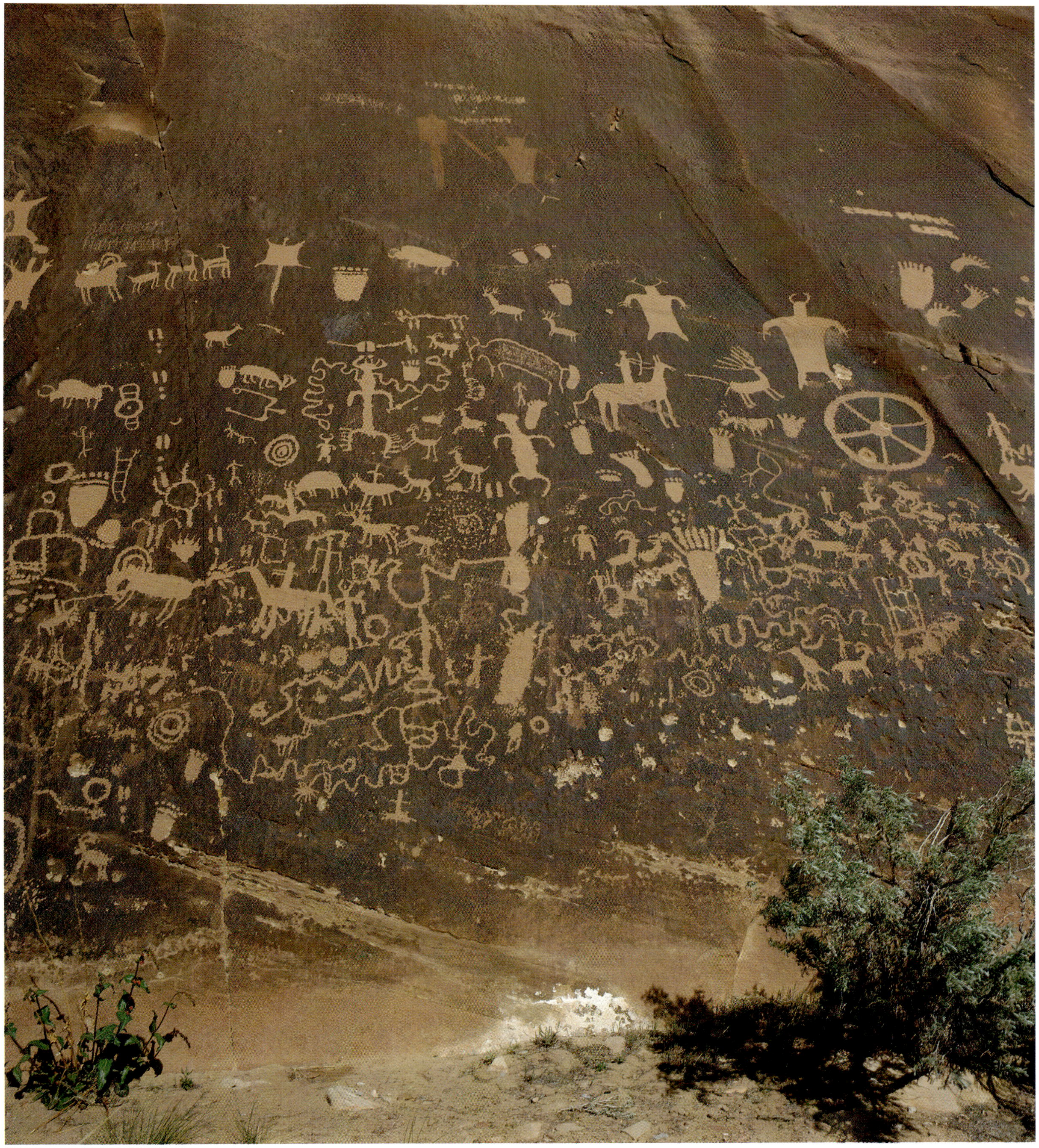

56

VON WEISSEN SIEGERN UND ROTEN VERLIERERN
Das Monument Valley als Filmkulisse

Das Monument Valley in Utah als Schauplatz der Western des konservativen irischen Einwanderers John Ford. Ford ist der erste Regisseur, der 1948 in «Fort Apache» den Indianer zu Wort kommen läßt. Zwei Jahre später heiratet in «Broken Arrow» («Der gebrochene Pfeil»; Seite 58 unten rechts) von Delmer Daves der Weiße Tom Jeffords (James Stewart) die Schwester des Apachen Cochise (Debra Paget). – In seinem letzten Western «Cheyenne Autumn» («Cheyenne», 1964; Seite 56/57, Seite 56 unten links, Seite 59) setzt sich Ford ganz besonders für die Rechte der Indianer ein. – In «Four for Texas» («Vier für Texas», 1963) von Robert Aldrich ist Frank Sinatra einer der Stars (Seite 56 unten rechts). – Fords «Sergeant Rudledge» («Mit einem Fuß in der Hölle», 1960) mit Jeffrey Hunter und Woody Strode (Seite 57 unten) als erster US-Film mit einem Schwarzen als positivem Helden.

John Fords «Fort Apache» («Bis zum letzten Mann», 1948; oben) und «She Wore a Yellow Ribbon» («Der Teufelshauptmann», 1949; unten links); «Broken Arrow» (1950) von Delmer Daves mit James Stewart (unten rechts).

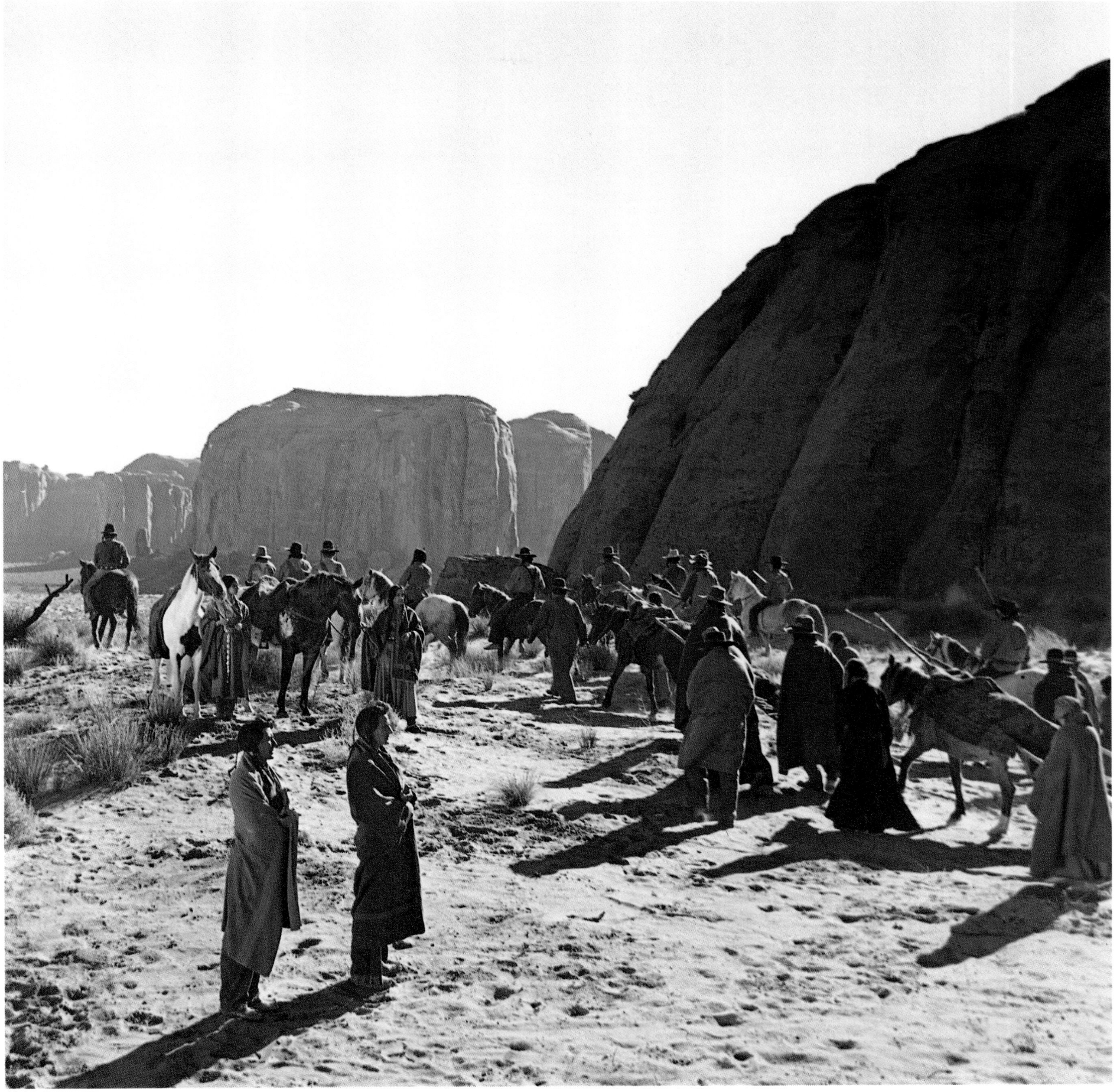

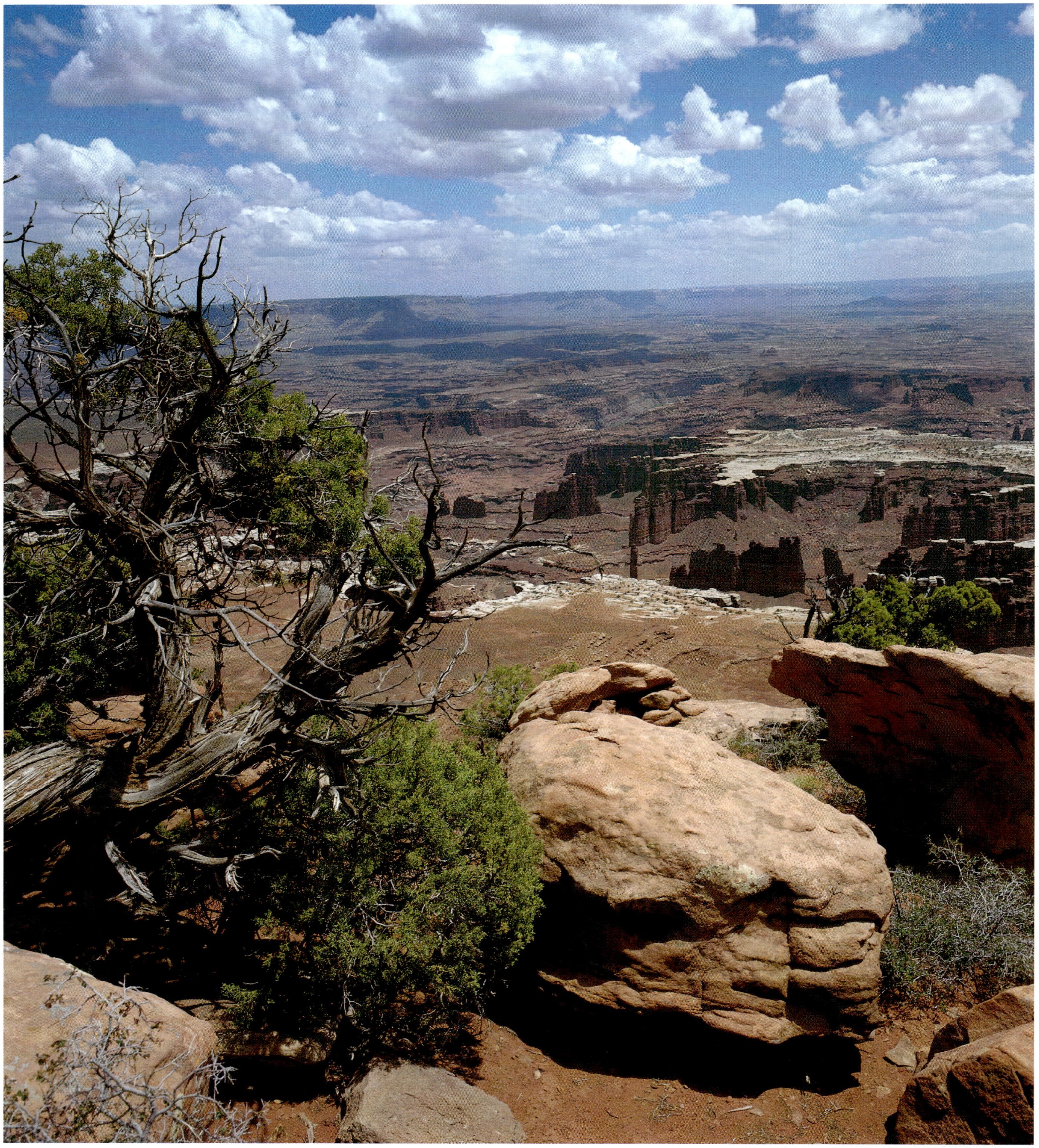

Na ja, Butch löste das Problem auf seine Weise: Als er Logan vor dem Kampf nach den Regeln fragte, sagte der: Rules? In a knife fight? No rules! Und Butch trat ihm, ohne zu zögern, so elegant in die Eier, daß man das Ganze als exquisitesten «kick in the balls» der amerikanischen Geschichte bezeichnen kann. Damit war das Thema Logan erledigt, und Butch zeigte das, was ihn so liebenswert machte: Größe. Er übernahm den Plan von Logan, und die Hole-in-the-Wall-Gang überfiel den Union Pacific Flyer auf dem Hin- und auf dem Rückweg. Was Mr. E.H. Harriman von der Union Pacific Railroad gar nicht schmeckte, aber das ist eine andere Geschichte.

Butch Cassidy hatte 1896 übrigens die geniale Idee, für den Outlaw-Trail, den wir entlangtuckerten, einen Nachschub- und Nachrichtendienst zu organisieren, und das ist nun ganz sicher Realität. In Abständen von zweihundert Kilometern richtete er drei große Depots ein mit frischen Pferden und Proviant. Hole-in-the-Wall war eine dieser Stationen, die beiden anderen waren Brown's Park und Robber's Roost, die in Utah liegen. Durch Robber's Roost, rund vierhundert Kilometer südöstlich von Salt Lake City, müssen wir durchgekommen sein, aber ich hab's nicht mitgekriegt, vermutlich, weil Sal mal wieder nervte oder der Lake Powell uns schon gefangennahm, denn der war da nur noch einen Katzensprung entfernt.

Na ja, wie auch immer, in der Gegend dort müssen um die Jahrhundertwende Jesse Ewing und Isom Dart aufeinandergetroffen sein. Ewing war ein hartgesottener Outlaw, den ein Grizzly so zugerichtet hatte, daß er als der häßlichste Mann von South Pass bezeichnet wurde. Und Dart? Dart war ein Schwarzer, ein ehemaliger Eisenbahnarbeiter, der seinen Lebensunterhalt später aber hauptsächlich als Viehdieb bestritt.

Und es kam, wie es kommen mußte, sonst wär's ja auch nicht in die Geschichte des Wilden Westens eingegangen: Irgendwann landeten beide im Knast, in derselben Zelle. Ein Schwarzer und ein Weißer auf ein paar Quadratmeter zusammengepfercht! Ewing zwang Dart, sich hinzuknien, und benützte fortan dessen Rücken als Tisch. Die Zeiten waren noch so, daß ein Weißer das verlangen konnte. Und Dart gehorchte, scheinbar ungerührt und wortlos. Ein Jahr später, beide waren mittlerweile entlassen, fand man Ewing: Er hatte eine Kugel im Kopf.

Damit wäre diese Geschichte eigentlich zu Ende. Aber vielleicht interessiert ja noch, was aus Isom Dart wurde. Er ging nach Brown's Park, in diesen Ort an der Grenze zwischen Utah und Wyoming, stahl Rinder für die Wild-Bunch-Gang, bis er im Jahre 1900 ähnliches erleben durfte wie viele seines Standes: Er wurde umgebracht. Von Tom Horn. Und Tom Horn fand dasselbe Schicksal. Und so weiter und so weiter. Wenn man was lernen will aus all diesen Stories, dann dies: Kaum einer konnte im Wilden Westen in Ruhe seine Rente genießen.

Es klopfte: Das Zimmermädchen brachte frische Handtücher. Fehlt Ihnen etwas, Sir? Ich schüttelte den Kopf und dachte voller Selbstmitleid, daß dieses Leben nicht mein Leben ist. Ich mußte es spielen, aber ich spielte es ganz offensichtlich schlecht.

WIE DAS IN ARIZONA WEITERGING? Na ja, ich bekam irgendwann den Ehrgeiz, tiefer in den Mythos des Wilden Westens einzutauchen. Ich wollte verstehen, was heute die Faszination ausmacht, und mir war

Blick vom Grand View Point im Canyonlands National Park. Von hier aus bietet sich eine grandiose Aussicht auf die Landschaft am oberen Colorado. In der Bildmitte rechts die Felsen des Monument Basin.

Der Full Moon Arch im Mystery Valley des Monument Valley. Ein kleines Wunder der Erosion, das in Tausenden von Jahren entstand.

schnell klar, daß ich in die verheißungsvollen Metropolen im Süden mußte. Ich mußte in das Herz dieses Staates vorstoßen, in die Stadt, die – vor 120 Jahren mitten in indianischem Gebiet gegründet – heute mehr als die Hälfte der drei Millionen Einwohner von Arizona beherbergt, in die Stadt, in der keine rußige Fabrik das Bild entstellt und die in den letzten zwanzig Jahren einen so explosiven Bevölkerungszuwachs erlebt hat, daß man denken könnte, dort lockte Gold. Und tatsächlich: So etwas ähnliches gibt es dort auch. Das Gold sind die sauberen Arbeitsplätze in der Informations- und Service-Industrie, deren Symbol der Computer ist. Die Stadt, ganz klar, heißt Phoenix. War sowieso unser Ziel: Ich wollte aus Neugier hin, und für Sal war's der Endpunkt ihrer Reise. Sie wollte ihre Schwester besuchen.

Also flogen wir auf der Maschine über das Kaibab-Plateau Richtung Süden. Den ganzen Nachmittag flogen wir schon so dahin, die Füße nach unten abgewinkelt unter Bremspedal und Schalthebel, und Sal hatte wieder ihre Lieblingsposition in meinem Nacken eingenommen. Es war erstaunlich, was sie an einem Tag schlafen konnte. Hier, auf dem grauen, endlosen, schnurgeraden Band der Straße brauchte ich nicht zu schalten oder zu bremsen. Den linken Arm auf dem Tankrucksack, den Kopf erhoben, zog ich mit 75 Meilen pro Stunde durch dieses Land des Schweigens und der Einsamkeit. Keine Siedlungen, keine Tiere, kein Lebenszeichen, nur diese verbrannte, tabakfarbene Ebene, die am Horizont begrenzt wurde durch gezackte Felsgrate und abgeschliffene Bergkuppen, die in allen Farbnuancen leuchteten.

Mein Gott, das war's. Freiheit, Größe, Unendlichkeit. Kein Klischee schien zu schwach zu sein, und etwas anderes fiel mir nicht ein. Manchmal wirkte es so, als ob das Motorrad stillstünde und die Straße wie ein Lauf-

Von den Indianern als «zu Stein gewordener Regenbogen» verehrt: Die 1909 zum National Monument erklärte Rainbow Bridge.

band unter uns weggezogen würde. Dann wieder hatte man den Eindruck, vor einer riesigen Leinwand zu sitzen, auf der ein Breitwandfilm abläuft, in Cinemascope und Technicolor. Nähe und Ferne verschmolzen, der braungelbe Boden, die vor Hitze flirrende Luft, der blaue Himmel bildeten eine Einheit. Nichts, aber auch nichts schien diesen endlosen Flug stoppen zu können.

Und dann tauchte plötzlich in den Rückspiegeln, inmitten der zitternden, versinkenden Landschaft, ein Auto auf. Der weiße Strohhut war unverkennbar. Menschenskind, sagt Butch aus der Pfütze heraus, niemand kann auf Felsen Spuren verfolgen.

Das hab' ich auch geglaubt, antwortet Sundance.

Butch quält sich aus dem Wasser, legt sich patschnaß neben Sundance und schaut auf die Gruppe von Männern, die konzentriert auf den Boden starren und langsam näherkommen, die Pferde hinter sich.

Die fangen an, mir auf die Nerven zu gehen, sagt Butch leise. Was sind das für Kerle?

Wir waren doch mal zusammen mit Etta letzten Sommer in Denver, weißt du noch?

Ich bin froh, daß du davon anfängst. Das ist eine ungeheuer wichtige Feststellung in unserer Situation.

Und einen Abend haben wir gepokert, kannst du dich erinnern? fährt Sundance fort.

Und vorher waren wir noch essen.

Etta hatte Roastbeef und ich Huhn, und wenn du mir noch sagst, was du gegessen hast, dann sterbe ich wenigstens glücklich.

Sundance ignoriert ihn.

An dem Abend kamen wir mit einem Spieler ins Gespräch, und der erzählte uns was von einem Indianer... Sir Irgendwie...

Lord Baltimore, genau. Der konnte jeden aufspüren.

In jedem Gelände. Tag und Nacht. Na und? Das könnte der Kerl da unten sein.

Das Auto in dem zitternden Rückspiegel wurde immer größer. Die Lichtbalken auf dem Dach blinkten hektisch. Nein, sagt Butch, Baltimore arbeitet in Oklahoma, ausschließlich in Oklahoma. Weiß zwar nicht, wo wir hier sind, aber ganz sicher nicht in Oklahoma. Nein, das ist nicht Baltimore.

Wer es auch ist, sagt Sundance leise, der Kerl hat unsere Spur.

He, Mann, brüllte Sal, Polizei! Willst du nicht langsamer fahren?

Aber sie waren schon neben uns. Well, sagte einer der Cops und blätterte in meinen Papieren. Haben Sie schon mal diese Schilder am Straßenrand gesehen?

Wie bitte?

Er ist aus Deutschland, sagte Sal.

Wissen Sie, was da drauf steht? fragte der Polizist. Er

Frühling in der Wüste: Selbst im eher kargen Canyonlands National Park tauchen im April/Mai blühende Blumenteppiche und Kakteen auf. Doch diese Pracht vergeht schnell in der Hitze des Sommers.

mußte Joe Lefors heißen, auch wenn er keinen weißen Strohhut aufhatte. So stellte ich ihn mir vor, genau so. Der cleverste, gefährlichste und unerbittlichste Polizist des Westens.

Enjoy Arizona, sagte Sal triumphierend.

Joe Lefors wurde böse.

55 Meilen, sagte ich kleinlaut.

Joe Lefors war auf Butch und Sundance angesetzt, und ich wußte, er würde uns erst in Ruhe lassen, wenn er uns getötet hatte.

Seien Sie froh, daß Sie aus Germany sind, sagte Joe Lefors mit freundlichem Gesicht. Winkte kurz mit der Hand und ging zu dem Polizeiwagen zurück. Die Zeiten hatten sich offenbar geändert, dachte ich. So ein Glück mußte man haben.

Warum hast du ihn eigentlich mit Joe angeredet? fragte Sal.

Oh Gott, hab' ich das?

Ihr seid verrückt, ihr Europäer, sagte sie. Total verrückt.

Ich mochte ihr nicht widersprechen.

M**EIN** G**EHIRN GAB DAS ALLES TEILNAHMSLOS WIEDER,** spie es aus, als sei es überdrüssig, überhaupt noch etwas zu speichern. Es war noch immer sehr heiß draußen. Die Grillen fingen wie auf Kommando mit ihrem großen Nachtkonzert an, und unten am Swimmingpool räumte ein Boy die letzten Gläser von den Steinen und Tischen. Alles bereitete sich auf den Abend vor, und ich lag hier im Bett, vor mir ein Heft, ein Glas Wein, einen flimmernden Fernseher, und ließ mich von dumpfer Schwermut treiben. Grotesk.

Irgendwie war die Situation ja auch wirklich sehr seltsam gewesen da oben in Sedona, nicht weit vom Oak Creek Canyon entfernt. Sie kam aus dem Badezimmer, ihr Gesicht war schwach beleuchtet. Traurige Augen unter nassen Haaren, oder habe ich mir das mit den traurigen Augen nur eingebildet?

Bleib, sagte ich.

Sie kam und faßte meinen Arm, unsere Handflächen verkrampften sich ineinander.

Mach kein Licht, sagte sie. Warum sollte ich, es war ja noch hell genug, die Lamellen der Jalousie waren nur halb geschlossen. Don't you know about history, plärrte Sam Cook. Ich weiß nicht, ob ich überhaupt noch was wußte.

Ich griff nach der Fernbedienung und drückte auf einen Knopf. Channel 4. Ein Big-Mac rast über einen Highway, überholt Mustangs und Trucks, durchbricht Mauern. Die Zeiten ändern sich, aber sie bringen immer das gleiche. «Wir kommen wieder», sagt Tom, der Anchor dieser News-Show. Anchormen sind die Chefs der Nachrichtensendungen – Moderatoren, Reporter und Kommentatoren in einem. Sie verdienen um einiges mehr als der amerikanische Präsident, mehr als 1,5 Millionen Dollar im Jahr, und müssen sich deshalb hin und wieder was Originelles einfallen lassen.

Tom sagt: «Nach der Werbung die aufregende Story von einem Elfjährigen, der einen toten Mann zurück ins Leben holte.»

Nicht schlecht. Da blieb man dran. Das ließ einen sogar die Babynahrung und die Pampers schlucken. Kam aber nicht ganz ran an den Satz, den kürzlich ein Anchor gebracht hatte. Der sagte als letztes vor dem Commercial-Break: «Ich sitze hier ganz ohne Hosen. Film at eleven!»

Aber da ist ja Tom schon wieder. Er berichtet von einer schweren Brandkatastrophe, bei der eine Frau jämmerlich ums Leben kam. «Over to you, John.»

«Thanks, Tom», sagt John. «Oh, das ist wirklich schlimm mit der Frau, aber Gott sei Dank haben wir wunderschönes Wetter, nicht wahr?»

Ich schaute aus dem Fenster und nickte.

«Oh yeah», sagt Tom, «es ist wirklich wunderschön, wir wollen am Wochenende mit den Kindern zum Lake Powell fahren und segeln.»

«Wunderbare Idee», sagt John, «es gibt wirklich nichts, was schöner ist.»

Jetzt wußte ich's. Oder besser: Ich ahnte es. Man konnte Sal nicht böse sein. Wenn das alles war, was man von der Wirklichkeit erfuhr, dann konnte man gar nicht anders. Immerhin wußte ich, wo ich Tom antreffen konnte, falls ich am Wochenende das Bedürfnis haben sollte, ihn zu sehen.

Mir fiel etwas ein, muß an dem Wein gelegen haben. Kennst du die Geschichte mit Tex Antoine? hatte ich sie gefragt und in einen Cheeseburger gebissen, aus dem Ketchup quoll. Das war oben in Cedar Breaks gewesen, nicht weit vom Bryce Canyon entfernt, und wir saßen in einem kleinen Laden am Straßenrand.

Nein. Aber ich kenn' eine mit Walter Cronkite.

Okay, erzähl.

Nein, du zuerst.

Also gut. Ist zwar schon ein paar Jahre her, aber trotzdem ganz spannend. Da hatte der Anchor Bill Beutel gerade einen Bericht über die Vergewaltigung eines achtjährigen Mädchens kommentiert und – «over to you, Tex» – an den Wettermann weitergegeben, als der gutgelaunt sagte: «Es ist immer gut, sich an Konfuzius zu erinnern, der meinte: ‹Wenn eine Vergewaltigung nicht zu vermeiden ist – lehn dich zurück und genieß sie.›»

Was ist daran spannend?

Es ist erschreckend.

Right. War das Mädchen schwarz?

Keine Ahnung.

Es muß schwarz gewesen sein. Sonst hätte sich das dieser Typ nicht getraut.

Na ja, Tex Antoine wollte danach keiner mehr sehen, Karriere beendet. Ich nippte an der Cola und fischte eines der Eisstückchen raus. Wer ist denn dieser Walter Cronkite überhaupt?

Der legendäre Anchor von CBS. War fast zwanzig Jahre der Vater der Nation.

Woher weißt du das?

Mein Vater macht so was Ähnliches, bei 'nem lokalen Sender zuhause.

Wußt' ich nicht.

Du weißt 'ne Menge nicht. Okay, Art Buchwald erzählte, wie beschissen es ihm ging, als Anfang der siebziger Jahre die Astronauten bei einem der Mondflüge mal ganz schön in trouble waren. Da sei seine Frau gekommen und habe gesagt: Art, mach dir keine Sorgen, Walter wird das Problem schon lösen. Und tatsächlich: Ein paar Minuten später kam Walter Cronkite wieder ins Bild und verkündete, das Problem sei gelöst. Sie schwieg.

Wo ist die Pointe? fragte ich.

Bei uns werden die Krisen im Fernsehen behoben. Wir glauben nicht an die Wirklichkeit, solange sie nicht auf dem Schirm erscheint.

Gut zu wissen.

SIE HATTEN UNS GEWARNT VOR DIESEN SCHNURGERADEN, ENDLOSEN STRASSEN. Sie hatten uns gewarnt vor dem Kaibab-Plateau, vor der kurvenreichen Strecke zwischen Panguitch und Cedar City oben in Utah und natürlich vor dem wunderschönen Stück Straße im Oak Creek Canyon. Das seien die Strecken, wo die Cops warteten. Jetzt wußte ich, daß sie recht hatten. Wer weiß, ob der nächste Joe Lefors ähnlich gnädig sein würde. Ich wollte es nicht drauf ankommen lassen.

Doch Vorsicht? Nein, die war schnell wieder vergessen. Diese wie mit dem Lineal gezogenen Asphaltbänder verführen einfach zur Sorglosigkeit – und zum Träumen. 55 Meilen, 88,5 Stundenkilometer, sind einfach nicht schnell, und man muß sich hier in den Vereinigten Staaten auch nicht ständig wie in Südeuropa Gedanken darüber machen, wie die Straße hinter der nächsten Kurve wohl aussehen mag: Sie wird geteert sein, sie wird kein Schlagloch haben, und es werden nicht die Überreste einer Schafherde aus dem Asphalt eine Rutschbahn gemacht haben.

Also stürmte ich bald wieder vorwärts, vorbei an riesigen Trucks, diesen Ungetümen mit platter Schnauze, die aussehen wie Häuser auf Rädern. Wir schmeckten

Im Canyonlands National Park: Blick auf die wilde Landschaft um den Green River kurz vor seiner Mündung in den Colorado.

Staub, spürten die kühle, feuchte Luft in den Höhen und die erbarmungslose Hitze in den Tälern. Arizona ist das heißeste Land der Vereinigten Staaten. Ja, an manchen Stellen meinte man fast, das Land unter der Sonne seufzen zu hören.

Wir hielten an, irgendwo mußten wir ja anhalten. Sal hatte mal wieder Hunger, und ich fragte mich angesichts ihres zarten Körpers zum soundsovielten Mal, wo sie das alles hinsteckte, was sie so den ganzen Tag über verdrückte.

Ich werd's dir zeigen, hatte sie gesagt.

Ich kann drauf verzichten, hatte ich geantwortet.

Das letzte Stück Strecke war wirklich hart und anstrengend gewesen, und ich fühlte, wie mir das Blut in den Adern kochte, wie das Hirn, befreit vom Helm, sich träge ausdehnte. Ich saß noch auf der Maschine, heiße, brodelnde Luft schlug aus den Kolben hoch, und das plötzliche Schweigen des Motors ließ mich in ein Vakuum fallen. In dieser eigenartigen Zeitspanne, in der die Bewegungen aufgehört hatten, die Geräusche und Vibrationen aber noch durch meinen Körper schwangen, hatte ich für einen Moment den Eindruck, an einen Ort verschlagen zu sein, der bevölkert war wie eine Wildwest-Stadt gegen Ende des vorigen Jahrhunderts: Viehtreiber, Krämer, Pistolenhelden, Mestizen, leichte Mädchen in engen Korsetts, Sheriffs, fette Männer mit Bärten und schwarzen Bindern. Da vorne, waren das nicht schon wieder Butch und Sundance und News Carver und Flat Nose Curry? Dort drüben, dieses Holzhaus, sah es nicht dem Saloon ähnlich, in dem Sundance bei seiner Pokerrunde so unverschämt gewonnen hatte, daß er nach dem Geheimnis seines Erfolgs gefragt wurde und nur trocken antwortete: Beten?

Ich schüttelte den Kopf, um die Bilder zu bannen. Dabei war so eine Vision hier nun wirklich nichts Ungewöhnliches. Denn so weit war Page nicht entfernt, wo Butch aufgewachsen ist, damals, um 1870. Hier übte er sich als Jugendlicher im Viehdiebstahl, hier besorgte er sich sein profundes Wissen als Gesetzloser, hier erwarb er sich den Ruf eines Mannes, der immer einen Ausweg findet – und es war nicht zuletzt eine bestimmte Tat gewesen, die ihn unsterblich gemacht hatte. Sie waren wieder einmal auf der Flucht gewesen, das Gelände war immer unwegsamer und steiler geworden, als sie plötzlich die Katastrophe erkannten: den tiefen Graben, den schroffen Felsen und unten den reißenden Fluß. Die Falle war zugeschnappt.

Verdammt, sagt Sundance und weicht erschrocken von der Kante zurück.

Butch schaut runter auf den Colorado und zurück zu dem Mann mit dem weißen Strohhut, der seine Leute hinter die Felsen dirigiert.

Wenn du mich fragst, sagt Butch, können wir nur kämpfen oder uns einfach ergeben. Wenn wir uns er-

Wie eine moderne Skulptur wirkt diese frisch abgebrochene Sandsteinwand am Grand Wash Drive im Capitol Reef National Park, der auf dem Colorado-Plateau im Süden Utahs liegt.

geben, kommen wir in'n Knast. Da war ich schon mal.

Aber wenn wir kämpfen, fährt Butch ungerührt fort, brauchen sie nur dazubleiben, wo sie sind, und uns auszuhungern. Oder in Stellung zu gehen und uns abzuknallen. Wenn sie wollen, können sie uns mit einer Steinlawine erledigen, oder was könnten sie sonst noch tun?

Sie könnten sich ergeben, aber damit würde ich nicht rechnen.

Sal kam aus den Laden, winkte mir zu, zeigte auf die Toiletten und grinste. Besorg schon mal 'n Zimmer, rief sie.

Sundance zieht seine beiden Colts, lädt sie: Na – denn man los.

In einem reizvollen Kontrast zu den gewaltigen Felsformationen der weiten Schluchtlandschaften steht die Schönheit der Feinstrukturen – wie etwa dieses Sandsteinrelief am White Rim Trail.

Butch schaut über die Kante in die Tiefe, und man sieht, wie plötzlich eine Idee in ihm wächst. Es ist *die* Idee. Nein, sagt er gedehnt. Wir springen!

Ich kann mich beherrschen, antwortet Sundance und entsichert seine Colts.

Butch zieht seinen Pistolengurt aus: Na schön, ich spring' zuerst.

Nein.

Na, dann spring du zuerst.

Ich sage doch: Nein!

Butch, heftig: Was ist bloß los mit dir?

Und dann kommt's, und Sundance ist wirklich fertig, als er's rauspreßt: Ich – kann – nicht – schwimmen!

Ich zuckte zusammen. Ein Zischen. Ich war mit der Hand an den Kolben gekommen.

Butch lehnt sich zurück, sein Gesicht verzieht sich zu einem Grinsen, und dann bricht das Lachen in Kaskaden aus ihm heraus, er kriegt sich kaum noch ein, so schüttelt es ihn: Sowas Verrücktes, gluckst er. Du kommst doch wahrscheinlich tot unten an!

Und dann springen sie. Es ist der größte Sprung in der Geschichte der Menschheit. Über die schroffe Felskante. Fünfzig Meter tief. In den reißenden Colorado. Und Joe Lefors, Lord Baltimore und die anderen sitzen hinter ihren Felsen und fluchen.

Natürlich hatten sie recht, dachte ich und stieg von der Maschine, die immer noch brodelte vor Hitze. Butch war der Gerissenste, der Beste, hatte ein Typ in Fredonia gesagt, der auch an dem Mythos der Outlaws spann wie so viele in diesem Teil des Landes. Butch, der in der Nähe von Rock Springs oben an der Grenze zwischen Utah und Wyoming bei einem Butcher, einem Schlachter, gearbeitet hatte, hieß eigentlich Parker, Robert Leroy

Fortsetzung Seite 107

UTAH
Goblin Valley State Reserve
Capitol reef National Park
Canyonlands National Park
Arches National Park
Zion National Park
Canyon des Calf Creek

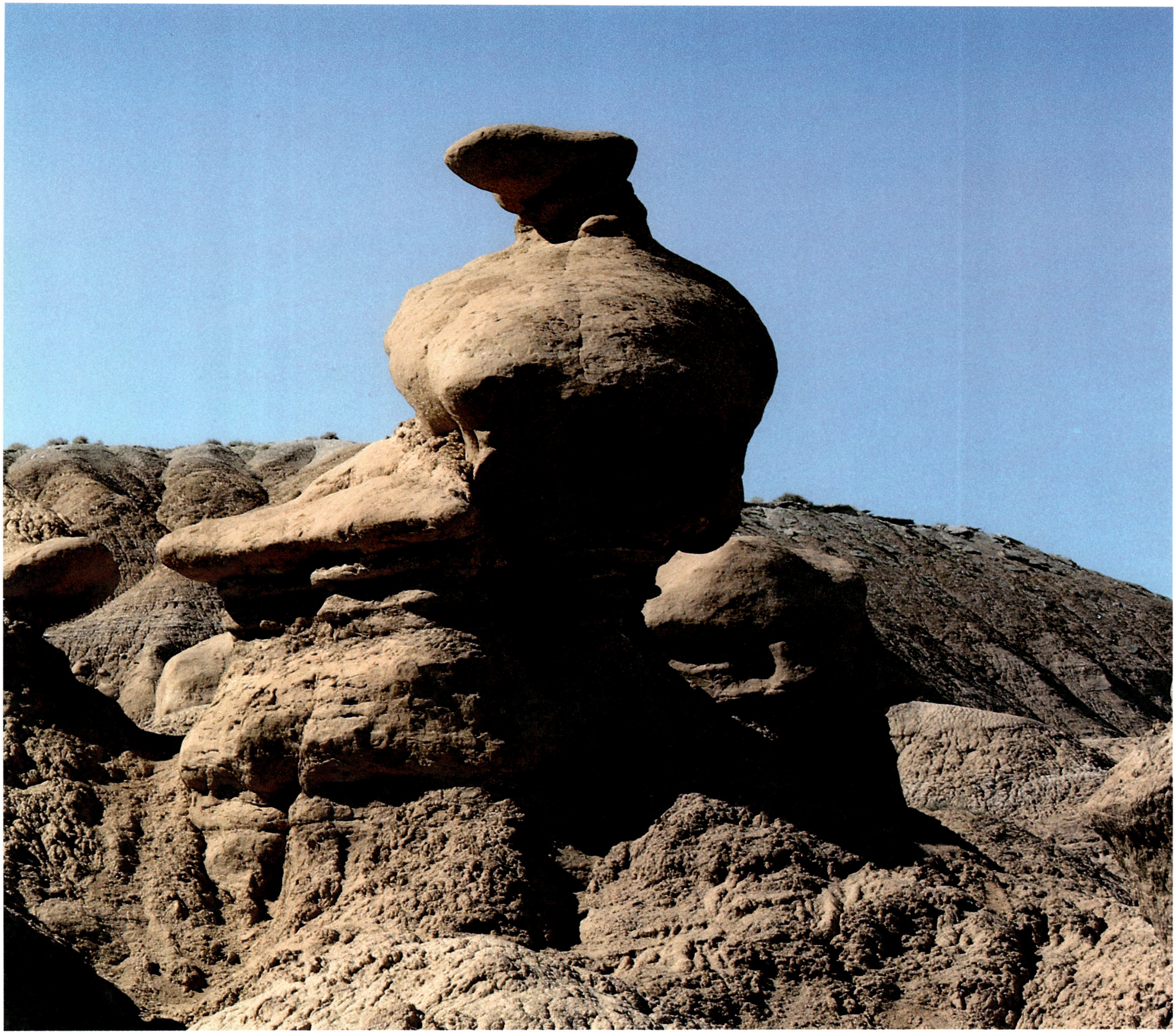

◁ **GOBLIN VALLEY**

Bizarre Wunderwerke der Natur – die Felsformationen im Goblin Valley State Reserve nördlich von Hanksville. Ein zu Stein erstarrter, gigantischer rötlicher Greifvogel scheint hier von seinem Horst aus über die verwitterten Felsen des einsamen Tals zu wachen.

GOBLIN VALLEY

Das Tal der Kobolde im Süden von Utah: So ausgeglüht, so alt, so fremd sieht sonst kein Flecken Amerikas aus. Die knubbeligen Steinkörper sehen aus, als hätte ein Riese mit Schlamm gespielt, ihn portionsweise auf die Erde fallen lassen und dann trocken gepustet.

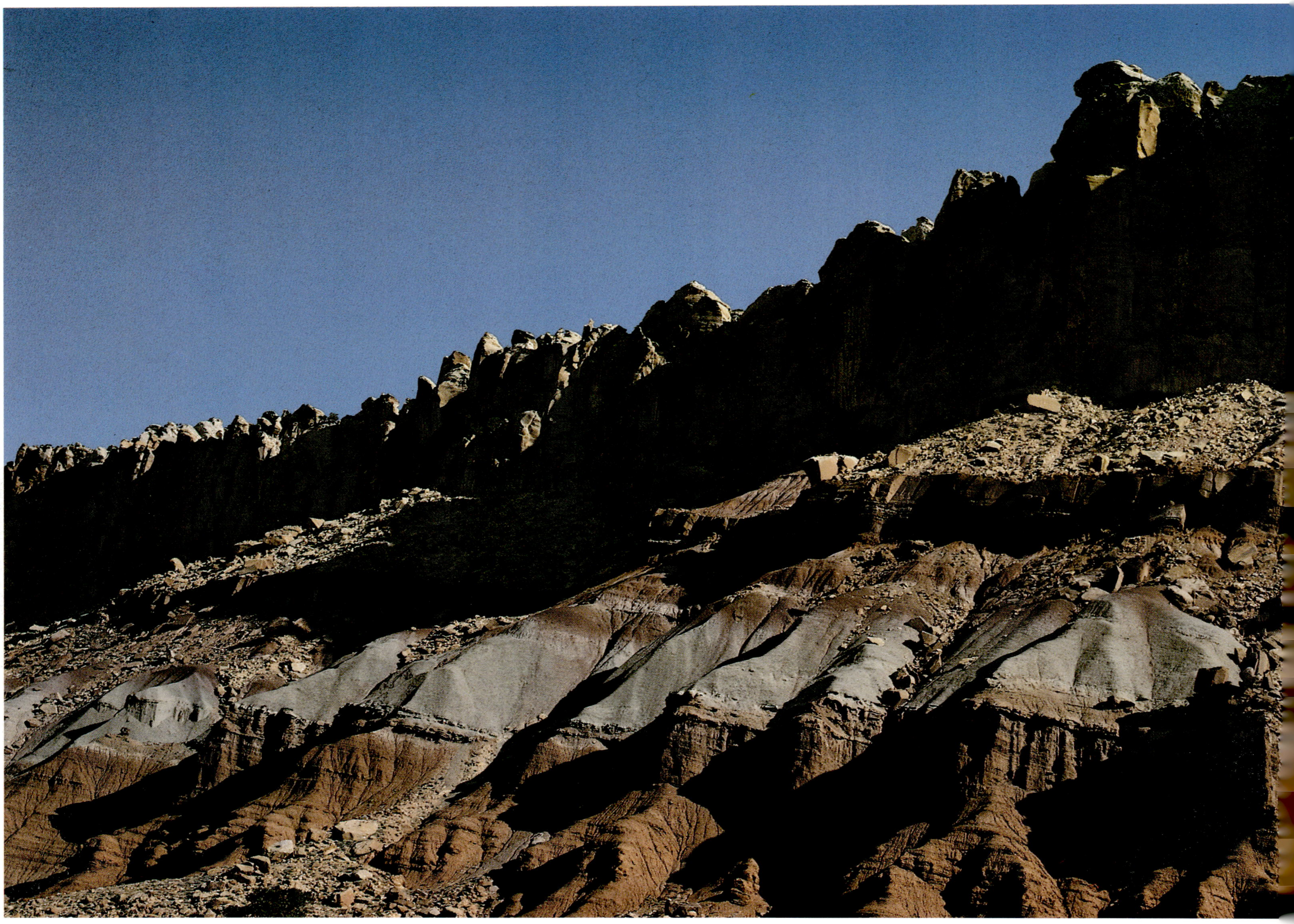

CAPITOL REEF

Hier haben die Menschen alles vermieden, um das wütende, ungebärdige natürliche Schauspiel nur ja nicht zu zähmen. In dem geologisch faszinierenden Naturschutzgebiet gibt es zahlreiche Jeep-Pisten und Wanderpfade – Pfade durch Jahrtausende der Erdgeschichte.

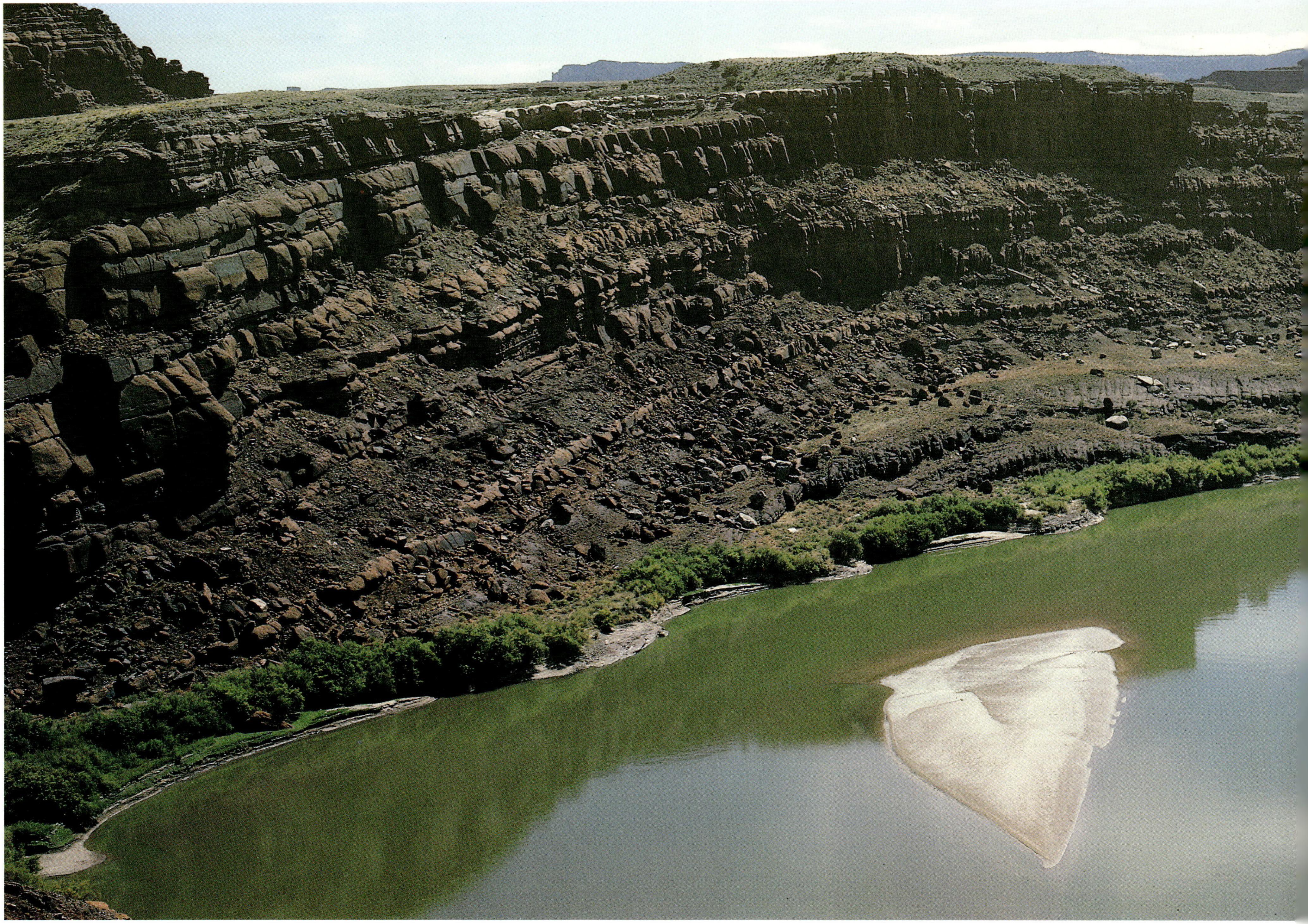

COLORADO RIVER Wie herausgebrochene Glasscherben wirken die Sandbänke, die auf dem Wasser zu schwimmen scheinen. Wir sind in Utah, im Canyonlands National Park, und blicken vom Shafer Trail auf den friedlichen Fluß, der einst mit unbändiger Gewalt all die Gräben und Schründe in die Erde sägte.

GRAND CANYON

Blick vom Toroweap Overlook auf den Colorado in neunhundert Meter Tiefe. Vor etwa einer Million Jahren war der Grand Canyon Arena eines unvorstellbaren Naturschauspiels – Wasser und glühende Lava trafen hier aufeinander. Noch heute sieht man die Spuren der Lavaströme, die sich damals in den Colorado ergossen haben.

GOOSENECKS

Eine der charakteristischen Windungen des Colorado River im Canyonlands National Park. Goosenecks – Gänsehälse – heißen diese engen, tief eingeschnittenen Flußkehren, die der einst gewaltige, wasserreiche Strom im Lauf von Jahrmillionen in das weiche Sedimentgestein gegraben hat.

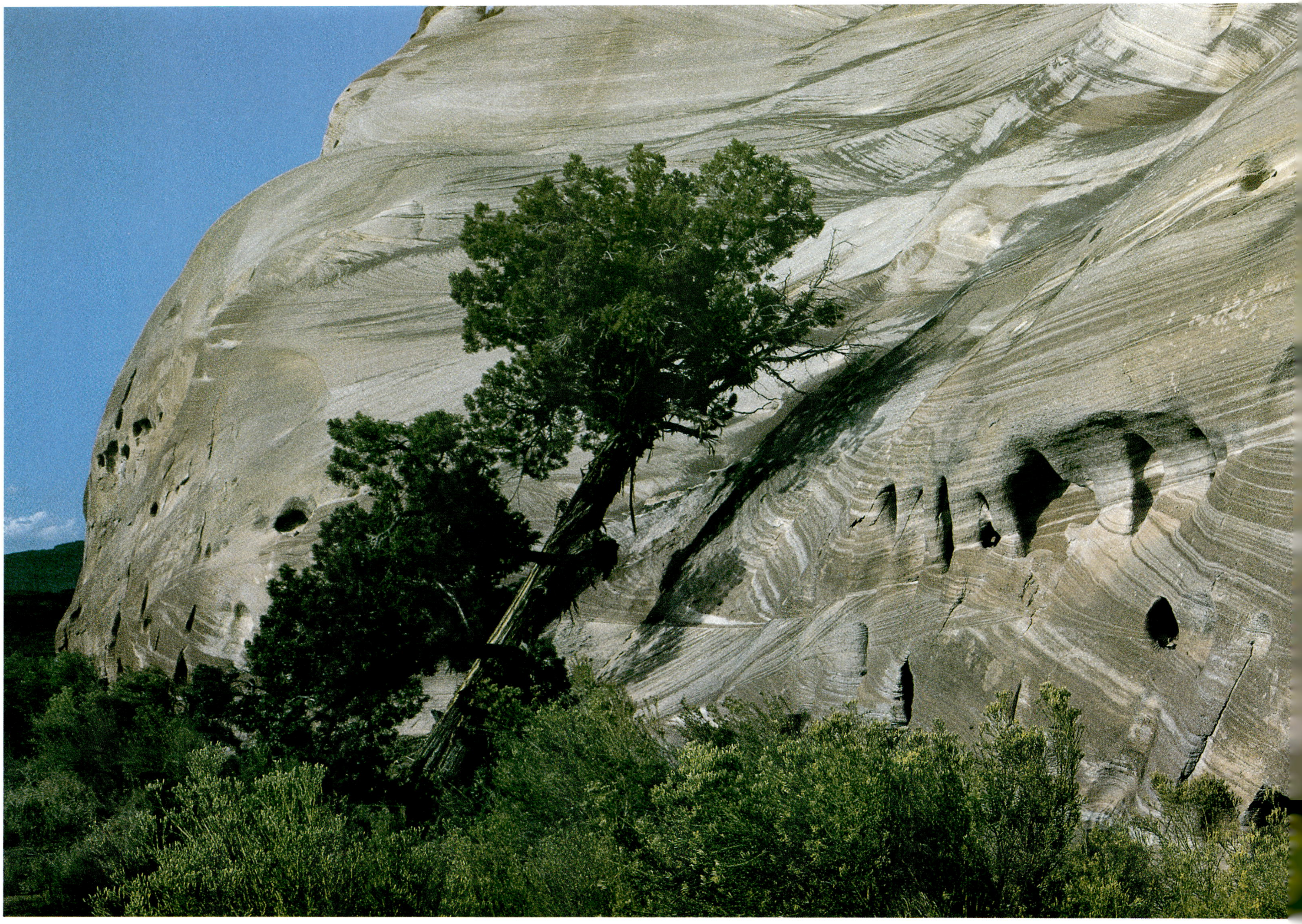

PARIA WILDERNESS TRAILHEAD

Die Linien und Ausbuchtungen auf dem Sandstein, der an den Felsen geduckte Baum, der wuchtige Trotz des ganzen Ensembles lassen erahnen, mit welcher Kraft die Natur hier gearbeitet hat. Die Durchwanderung dieser Wildnis im Grenzgebiet von Utah und Arizona gehört zum Großartigsten im Wilden Westen.

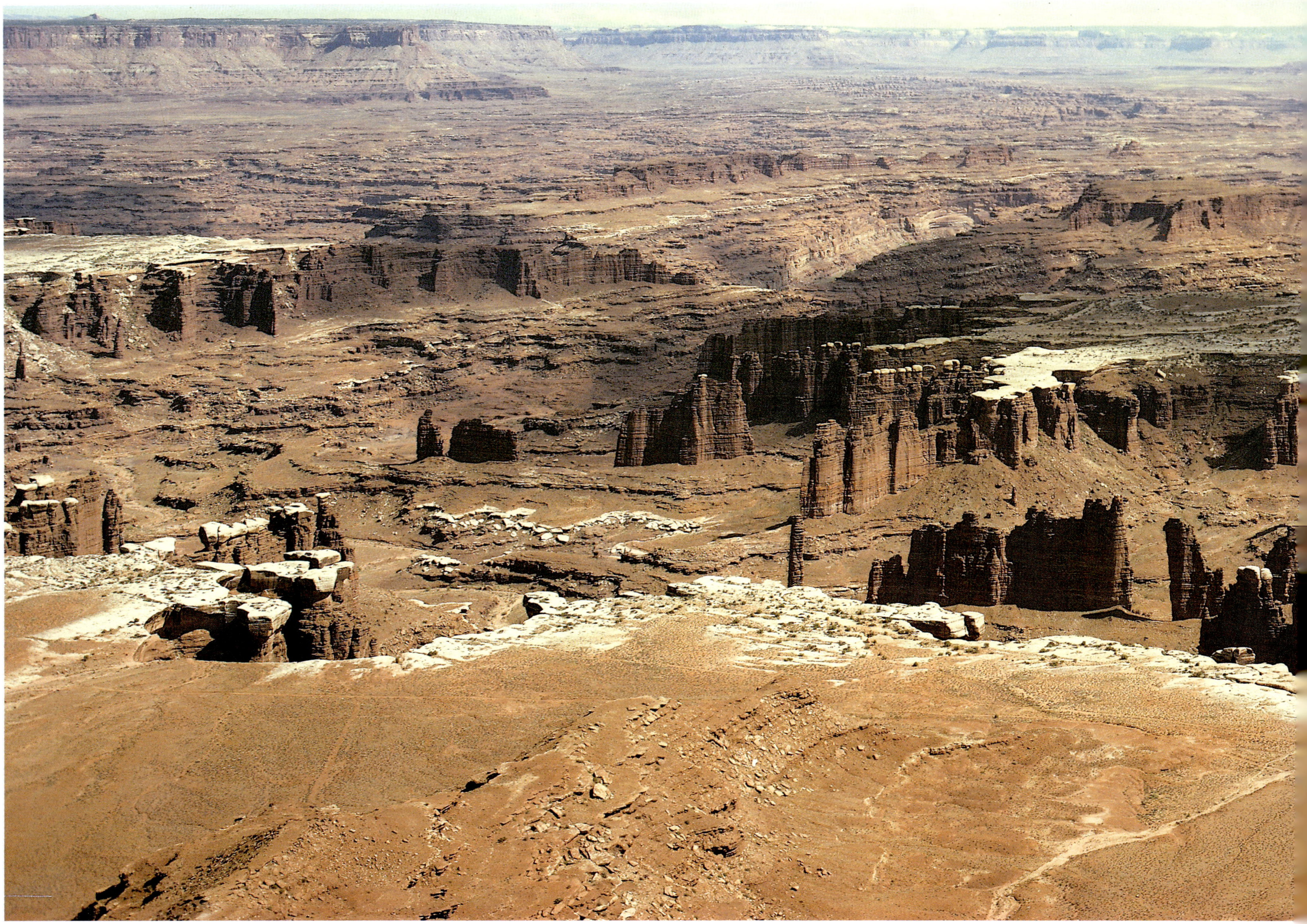

MONUMENT BASIN

Ein Teil des Canyonlands National Park, gesehen vom Grand View Point Overlook. Als ob sich Splitter eines Kometen in die Hochebene gebohrt hätten, so wirken die abrupt abfallenden Krater, die sanft in der Sonnenhitze kochen. Tatsächlich ist das Becken von den Fluten des Colorado ausgespült worden.

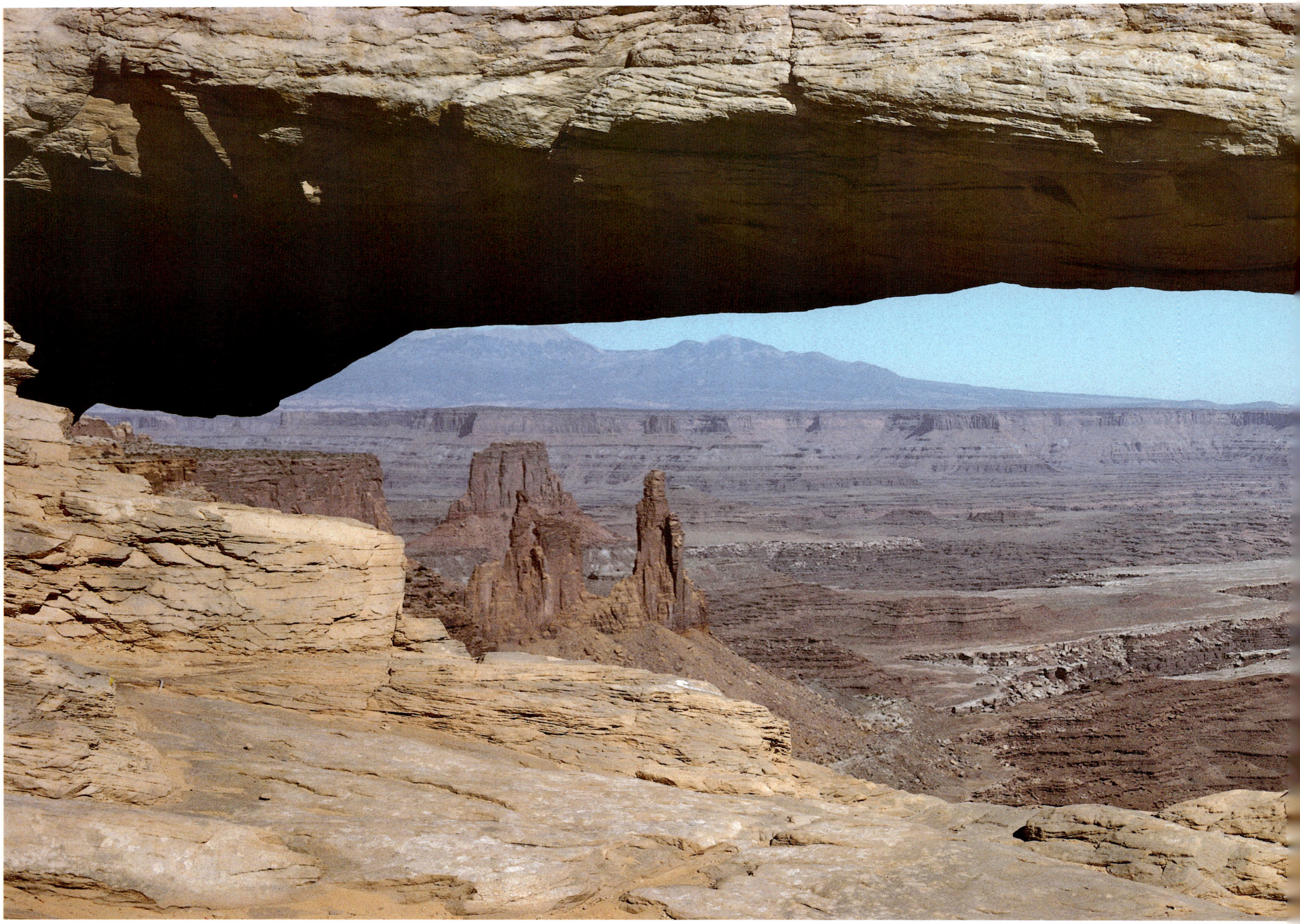

MESA ARCH

Ein natürliches Fenster, gemeißelt von Wind und Wasser: Man kann die Größe des Canyonlands National Park erahnen, der eine wilde, faszinierende Erosionslandschaft von fast 1400 Quadratkilometern Fläche bedeckt. Entstanden ist er durch die hier zusammenfließenden Ströme Colorado und Green River.

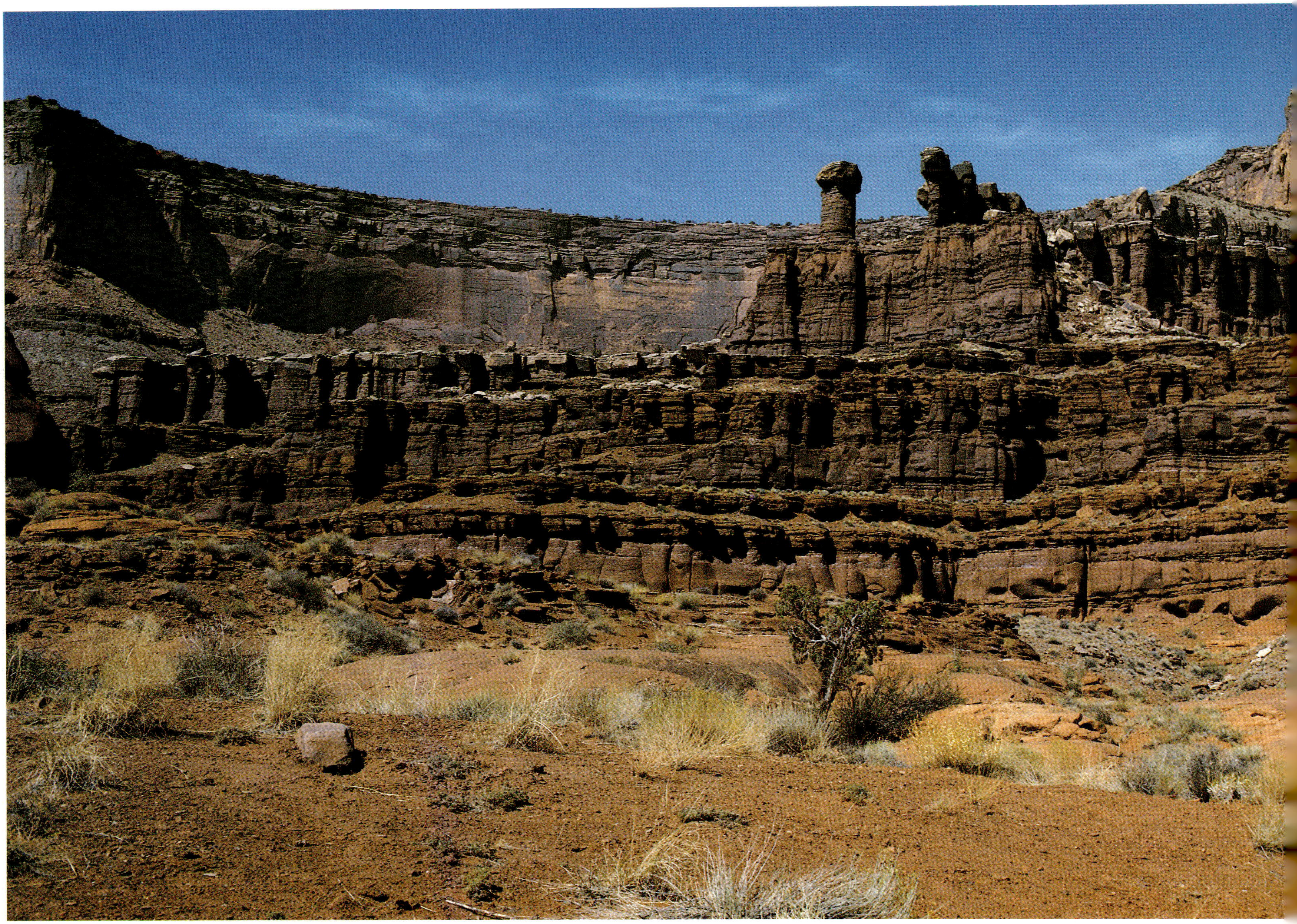

WALKING ROCKS

Die wandernden Steine links suggerieren Bewegung in diesem an eine Mondlandschaft gemahnenden Flecken Utahs. Die felsigen Grate wirken wie von jedem Leben verlassen, niemand läßt seine Herde weiden, und nur wenige Wanderer wagen sich hierher.

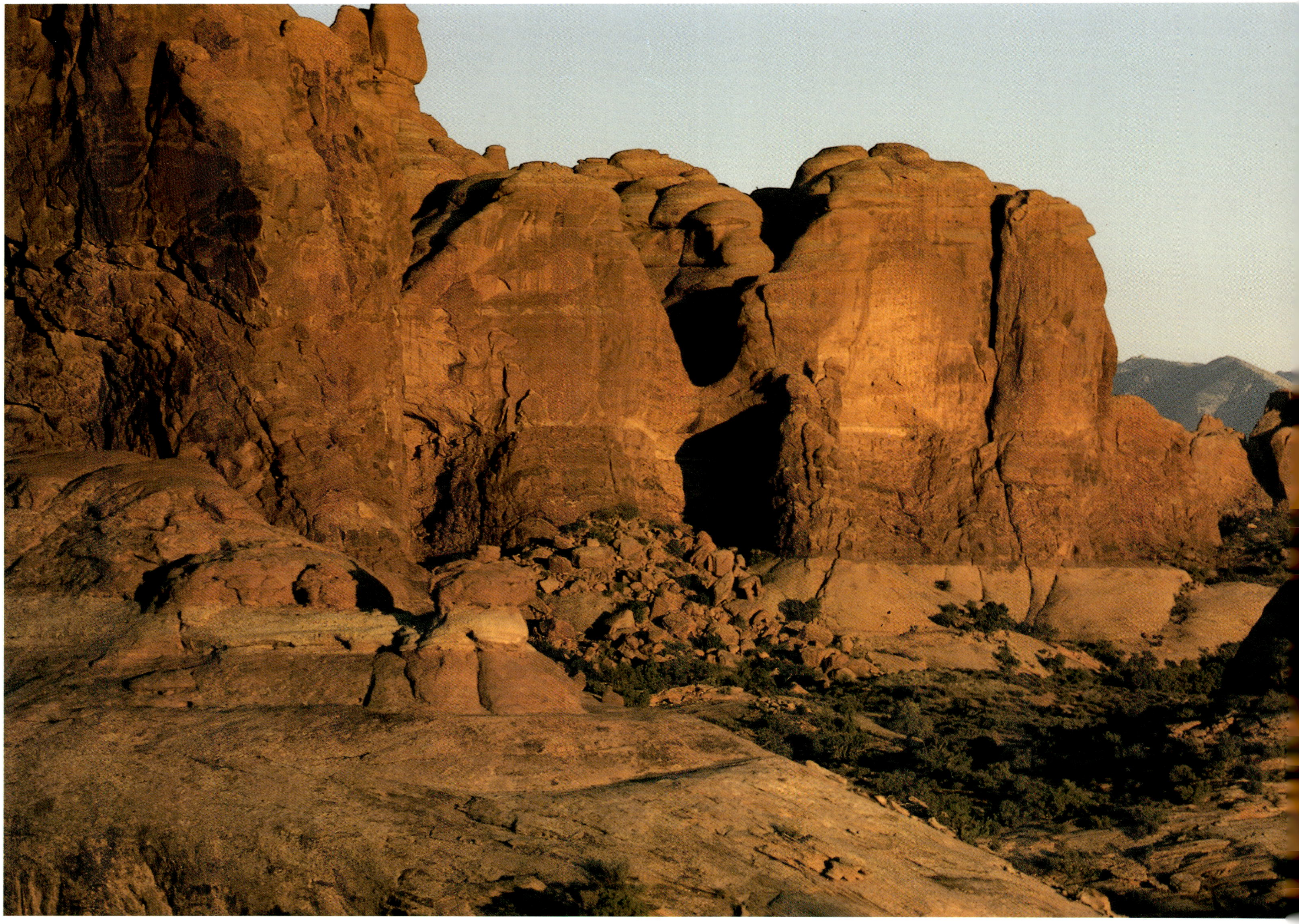

WINDOWS SECTION

Majestätisch hocken die wuchtigen Felsen mitten im Arches National Park von Utah. Im Laufe der letzten Phase der Erdgeschichte wurden sie durch die Kräfte der Erosion aus einer fast hundert Meter dicken sedimentären Scholle weichen Sandgesteins herausgeschnitzt. Im Hintergrund: die La Sal Mountains.

JUG HANDLE ARCH

Wie der Knochen eines Dinosauriers lehnt dieser Bogen an der Felswand. Und er könnte auch in der Zeit entstanden sein, als diese Urtiere noch die Erde bevölkerten. Jahrtausendelanger Abrieb durch Wind und Regen und die unterschiedliche Dichte der Sandsteinschichten haben die Entstehung dieses faszinierenden Felsbogens bewirkt.

LANDSCAPE ARCH

Die Erosion hat diesen Felsbogen geschaffen, und sie wird ihn mit großer Sicherheit auch eines Tages wieder zerstören: Geradezu zerbrechlich wirkt der Landscape Arch im Arches National Park in Utah. Mit seiner Spannweite von 89 Metern ist er der zweitlängste Steinbogen der Welt.

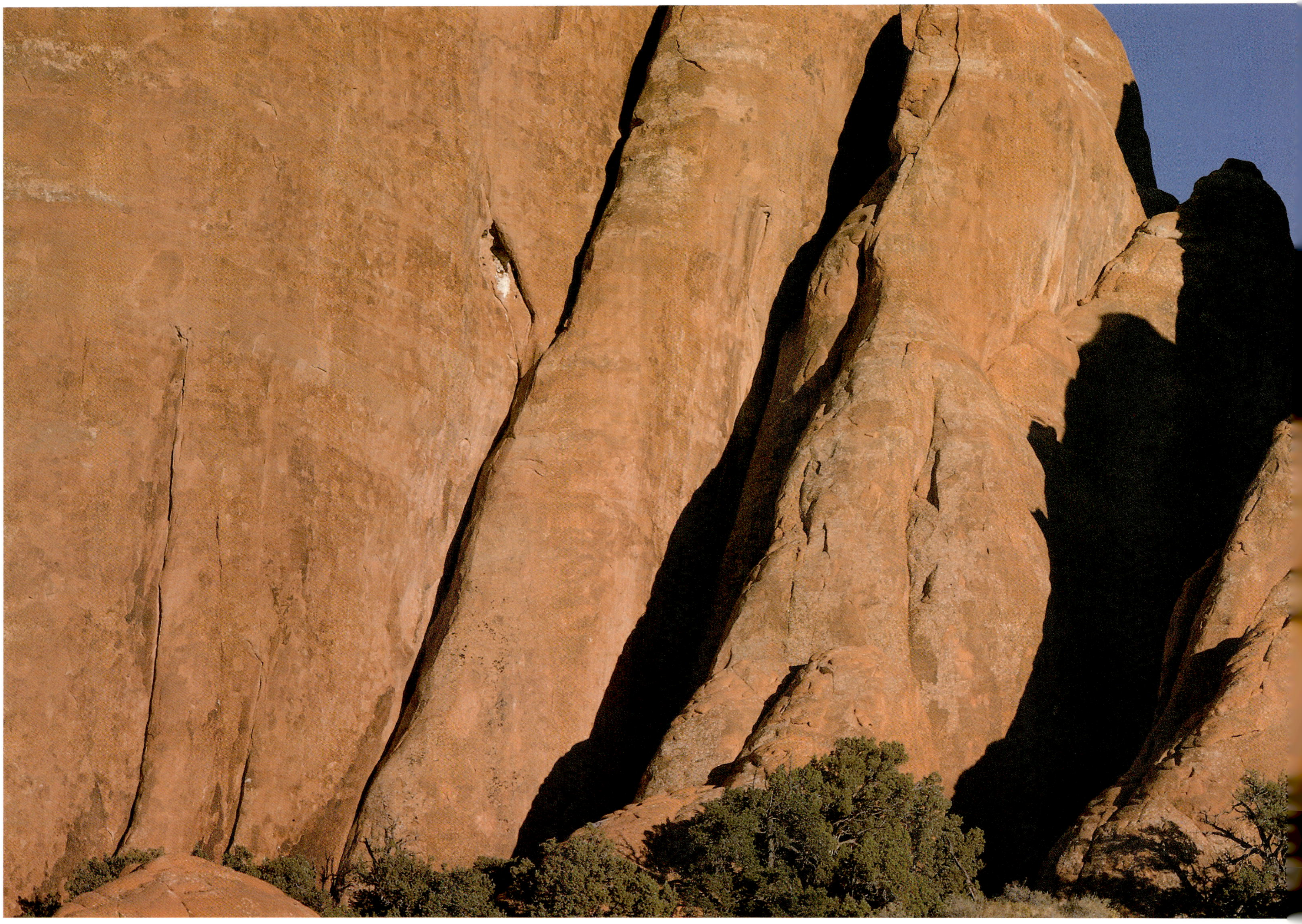

DEVIL'S GARDEN

Es sieht aus, als warteten sie alle brav aufgereiht in einer Schlange, um in den Garten eingelassen zu werden. Nirgendwo findet man so viele Bögen, Brücken und erhobene Finger wie im Arches National Park. Doch warum ist dieser Garten ein Garten des Teufels?

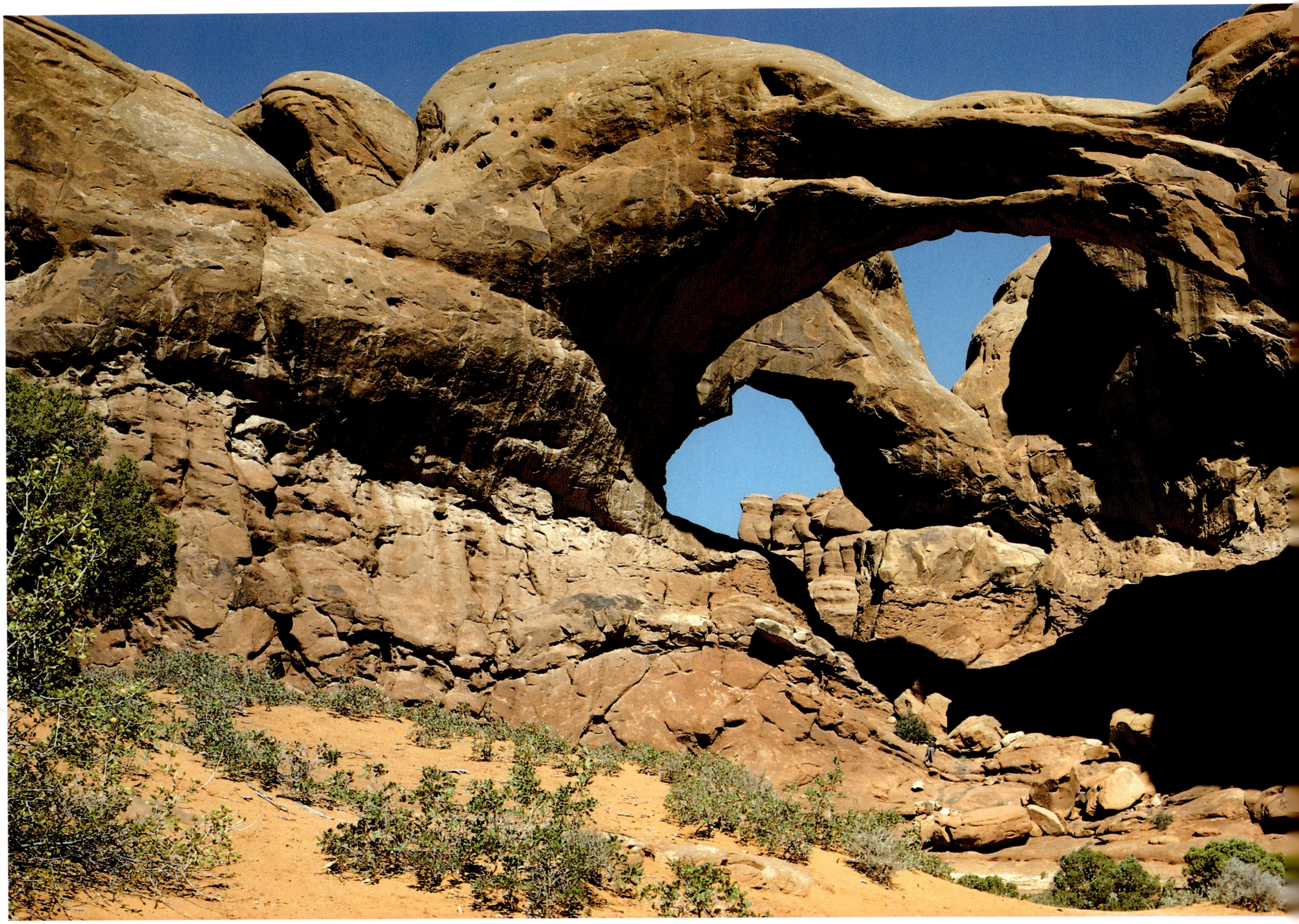

DOUBLE ARCH

Sogar in ihrer Verlassenheit scheinen diese Bögen – einsam, aber harmonisch gegliedert – wie geschaffen zu sein, den Menschen aufzunehmen, auf daß er das strahlende Blau des Himmels erfahre. Ein Ort, dessen majestätische Ruhe die Seele ergreift.

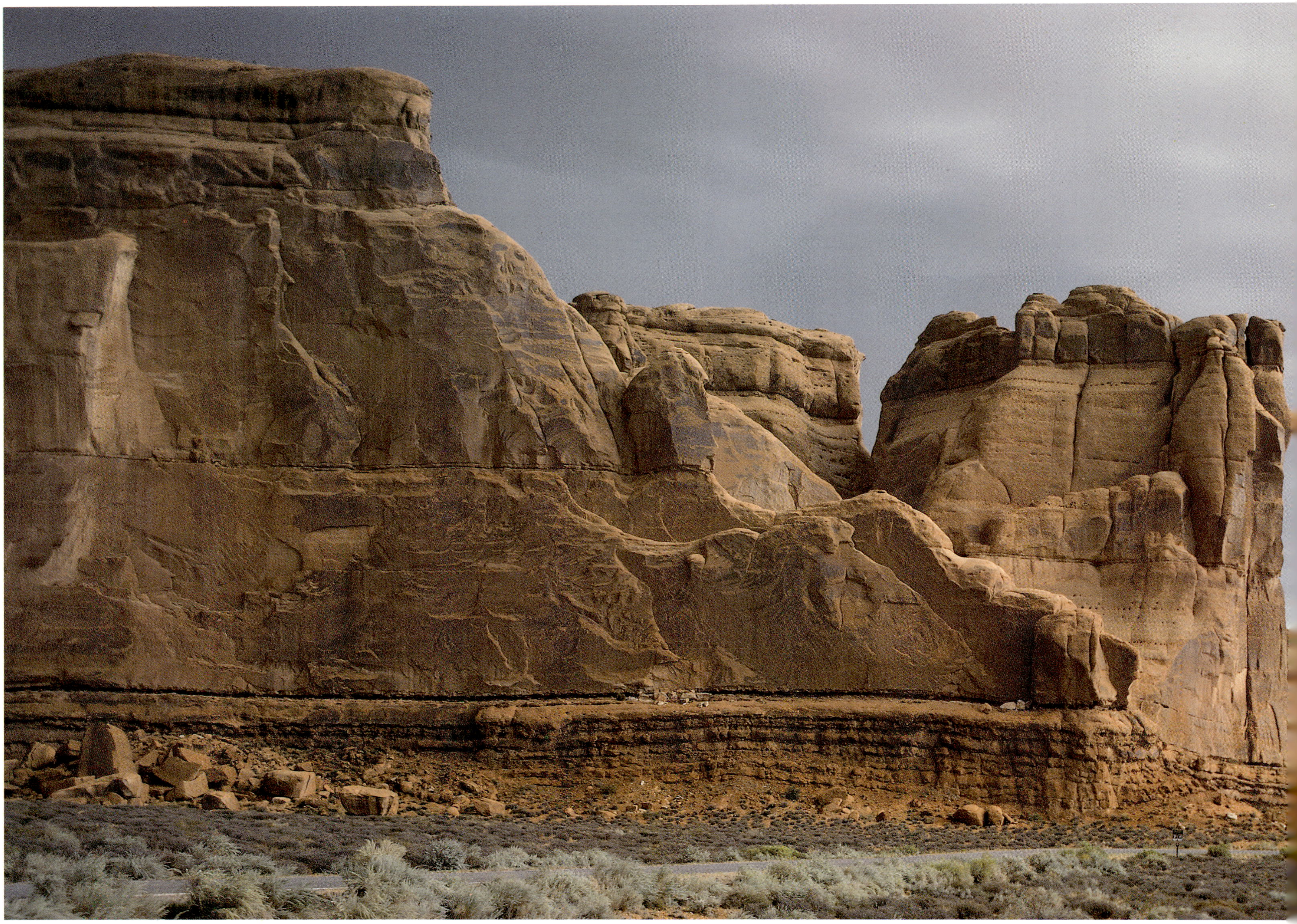

ARCHES

Der Eingang zum Park der Kolosse. Hier träumt man von dem Mysterium, das die Menschheit an diesen Planeten fesselt. Man muß es erspüren wollen, muß die größte Sammlung steinerner Brückenbögen der Erde, muß Landscape – und Delicate Arch gesehen haben – und wird sie nie mehr vergessen.

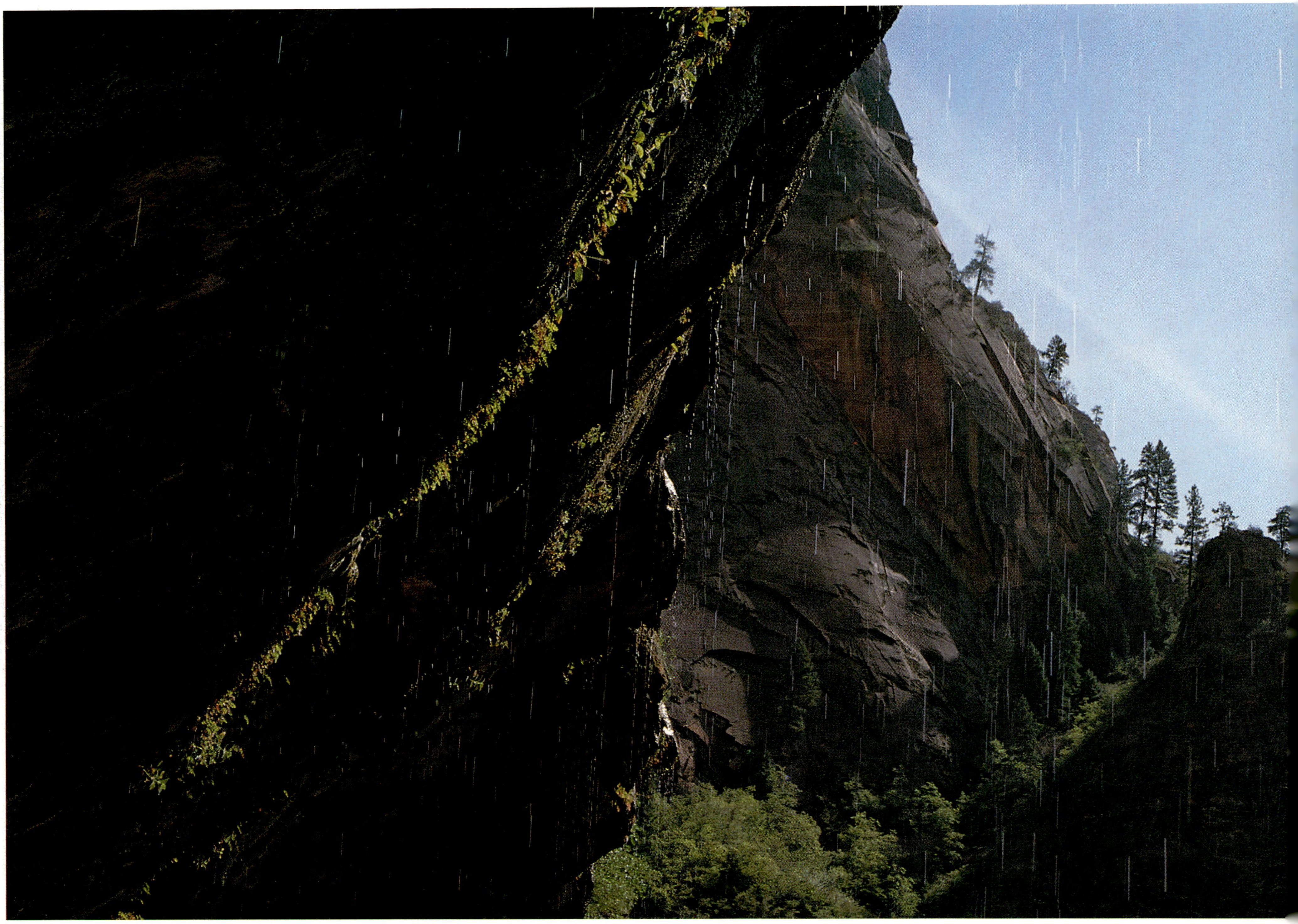

WEEPING ROCK

Der weinende Felsen: Im Zentrum des Zion National Park überraschen einen Tränen. Aber es ist ja nur Sickerwasser, das aus dem zerklüfteten Gestein austritt. Es waren die Mormonen, die den Felsen dieser Region den Namen des Tafelbergs von Jerusalem gaben: Zion.

GREAT WHITE THRONE

Die einst hier ansässigen Mormonen gaben den Bergen des Zion National Park in Utah oft biblische oder religiös inspirierte Namen. Wer die massive Kuppe des Great White Throne sechshundert Meter über das grüne Tal des Virgin River aufragen sieht, wird ihre Ehrfurcht vor diesem markanten Felsen nachempfinden können.

RED CANYON

Die gewaltigen Steinsäulen des Red Canyon übertreffen in der Intensität ihrer Farbe den benachbarten, meist besser bekannten Bryce Canyon. Da diese Schlucht von den Touristen viel weniger besucht wird, lassen sich die eindrucksvollen Wanderwege, die direkt unter den imposanten Felswänden entlangführen, in Ruhe genießen.

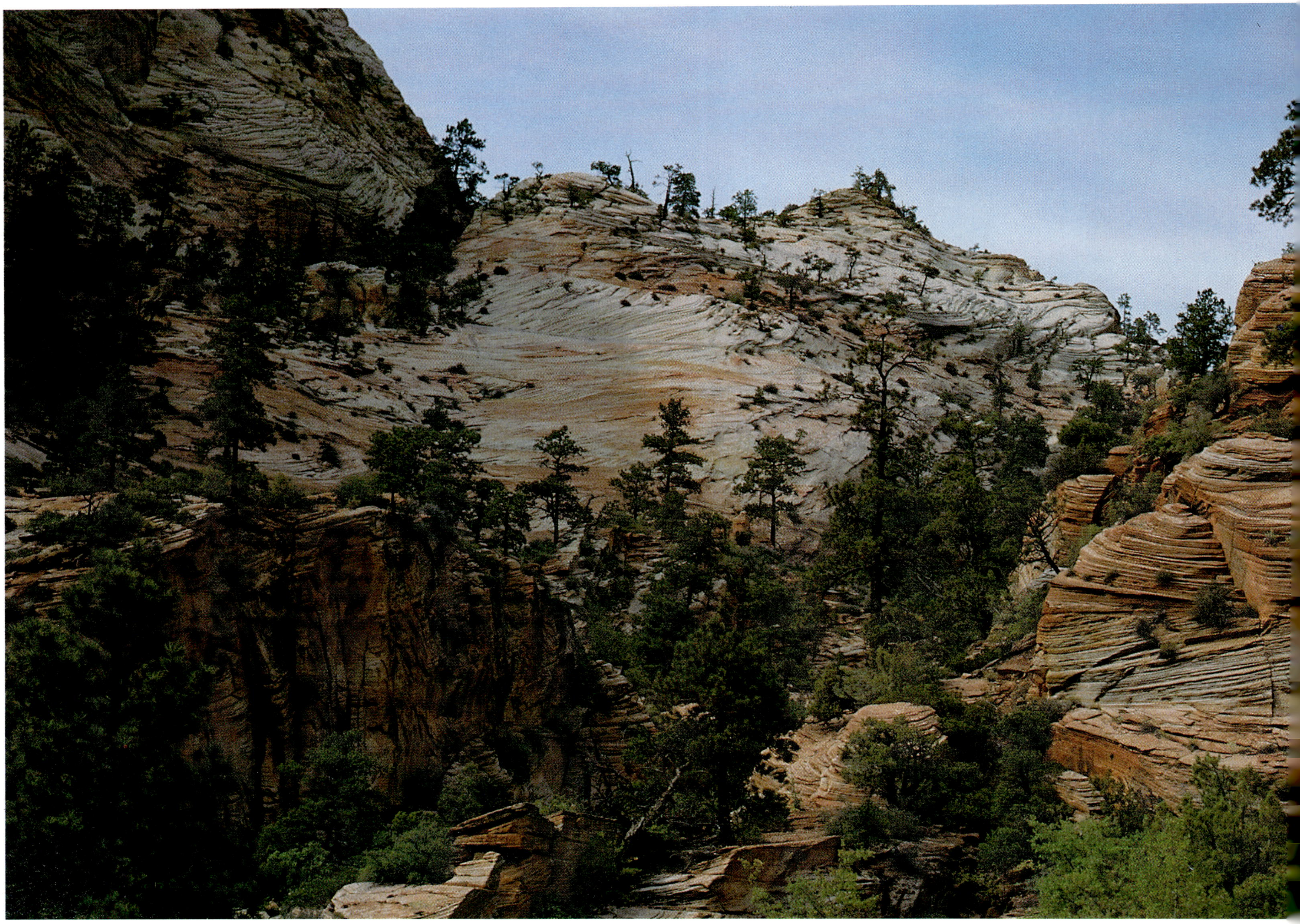

ZION

Vor dieser wildromantischen Gebirgsregion mit den wie in Scheiben geschnittenen Felsen standen die Weißen erstmals 1776 – es waren spanische Patres. Danach durchstreiften Trapper, Pelzhändler und Mormonen das fruchtbare Tal – und gaben ihm seinen Namen.

CANYON DES CALF CREEK

Unsichtbar auf dem Grund des tiefen Canyon: der Calf Creek. Als ob ein Maler mit zartem Pinsel dunkle Tupfen auf den weißen Sandstein gesetzt hätte – so präsentiert sich diese schwer zugängliche Wildnis zwischen den Orten Escalante und Boulder im Süden von Utah.

CAPITOL REEF

Ruhe und Stille in urweltlicher Berglandschaft: Die Schönheiten des abgeschiedenen Capitol Reef National Park sind überraschend wenigen Touristen bekannt. Die Einsamkeit dieses Gebietes wurde nur zweimal nachhaltig gestört: um 1900 durch Goldgräber und durch den Uranabbau nach 1945, der jedoch bald wieder eingestellt wurde.

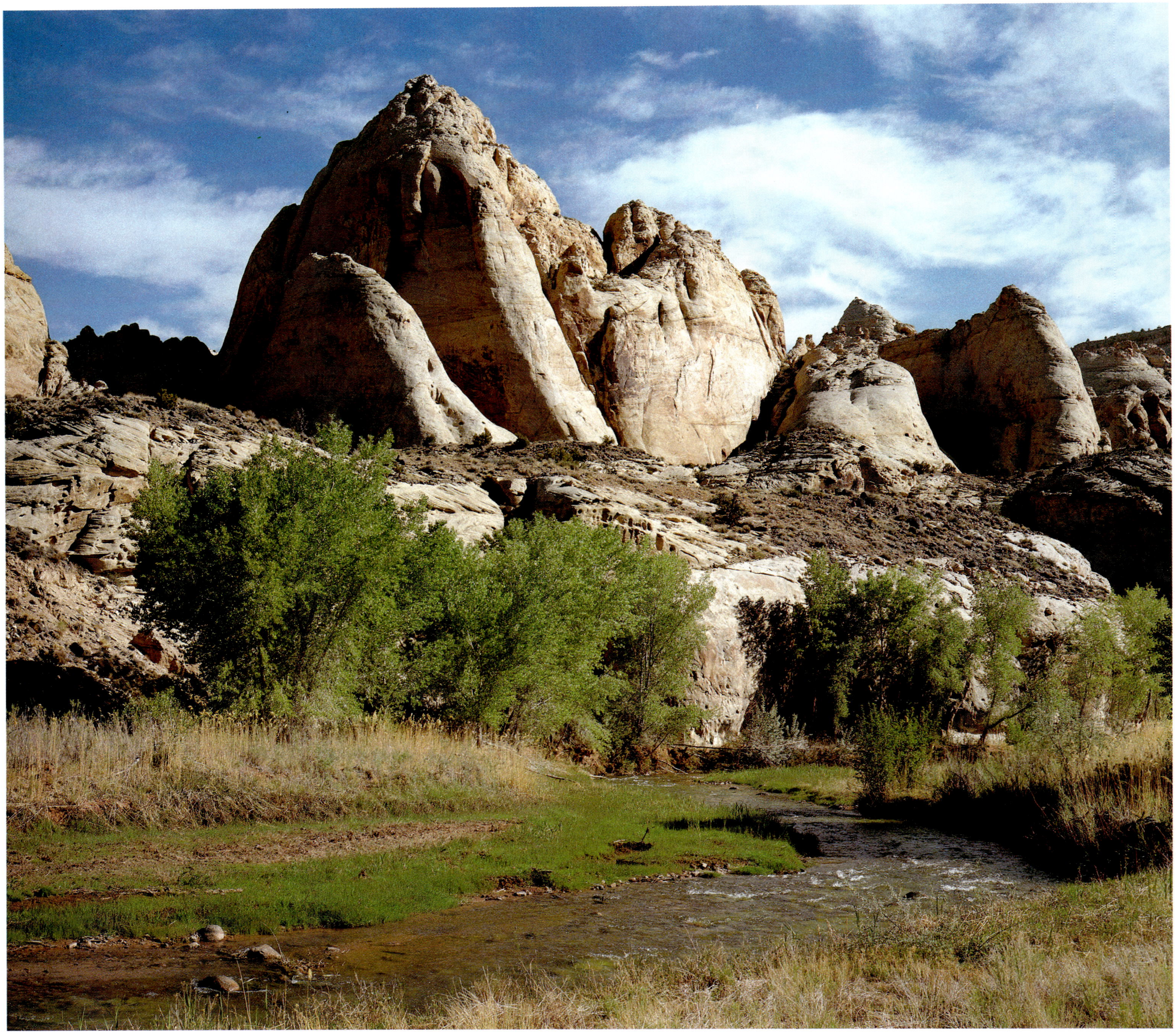

Parker. Aber bekannt geworden ist er als Butch Cassidy. Begleitet wurde er damals übrigens von Kid Curry, der eigentlich Harvey Logan hieß und dem man nachsagte, daß er die Leute so schnell umbrachte, wie er sie ansah. Für mich aber bleibt das alter ego von Butch Sundance Kid, und es ist mir egal, welcher Name in Kids Geburtsurkunde steht. Ich glaube an die Geschichte, so wie sie William Goldman schrieb, und ich liebe sie. «Butch Cassidy and the Sundance Kid» wurde der erfolgreichste Western aller Zeiten. So, wie Paul Newman und Robert Redford die beiden darstellten, so war's. So war der Westen, und niemand würde mir diese Überzeugung je nehmen können. Sal hatte gesagt, daß Wirklichkeit ist, was Hollywood daraus macht. Nun denn, sie hatte einfach recht.

Ich betrat das Motel.

Als Sal aus dem Bad kam, war ich ganz schön überrascht. Ohne jede Scheu ging sie auf das Bett zu, und von ihrer schwarzen Haut war eine Menge zu sehen. Ihre Haare waren naß über den traurigen Augen, wenn sie denn traurig waren. Sie klappte die Decke zurück.

Bleib, sagte ich.

Sie kam und faßte meinen Arm, unsere Handflächen verkrampften sich ineinander, die Finger fanden sich und schlossen sich zusammen.

Mach kein Licht, sagte sie.

Öffne dein Haar, sagt Sundance.

Und Etta öffnet ihr Haar, das um ihren Kopf fließt und die Schultern bedeckt.

Mach weiter, sagt Sundance und zeigt mit der Pistole auf sie.

Und Etta öffnet ihre Bluse, ganz langsam, Knopf für Knopf.

Weißt du, was ich mir wünsche? fragt sie.

Was?

Daß du irgendwann einmal zu normalen Zeiten herkommst.

Und dann stürzte ich Abgründe hinab, Abgründe, wie man die Stufen einer Treppe hinunterrollt, einer schwindelerregenden Treppe aus schwarzem Samt; ich stürzte und stürzte, endlos, und das Bild von Etta und Sundance wurde kleiner und kleiner, bis es schließlich erlosch...

W ARUM FÄLLT MIR GERADE JETZT WIEDER PHILLIP EIN? Was hatte er noch an der Tankstelle gesagt? Genau. Dies ist ein Land zum Sterben. Phillip ist kein reinrassiger Indianer, aber das ist in diesem Land ohnehin kaum einer mehr, wie auch, nach so vielen Jahren der Vermischung. Phillip ist vom Stamm der Navajos, dem größten auf dem Territorium der USA lebenden Indianerstamm, und sein Vater hat noch in dem riesigen Reservat gelebt, das sich östlich vom Grand Canyon und südlich vom Glen Canyon hinstreckt – Hunderte von Meilen unfruchtbaren Landes. Das Reservat ist sehr groß, 6 Millionen Hektar, und doch ist es nicht in der Lage, die Menschen zu ernähren. Mehr als 60 Hektar braucht man, um ein einziges Pferd zu halten, hat Phillip gesagt. Fast 300 Schafe seien nötig, um eine Familie zu ernähren. Ein Navajo aber besitzt selten mehr als 50 Schafe.

Phillip erzählte stockend. Es gibt Menschen, die lieben es, Fragen zu stellen, und es gibt Menschen, die lieben es, sie zu beantworten. Phillip liebte das Schweigen. Sein dunkles Gesicht wirkte merkwürdig konturenlos, gleichmütig, und nur manchmal huschte ein Ausdruck von Hochmut über seine Züge. Was sollte er auch erzählen über die Situation in den Reservaten? Die Navajos leiden tiefe Not, sie gehören zu den ärmsten Indianern. Sie haben – natürlich – nicht genug zu essen. Sie haben keine Straßen. Sie haben kaum Brunnen. Gesetzlich hindert sie nichts daran, die Reservate zu verlassen.

Doch nur wenige tun, was sie dürften. Nur wenige sprechen Englisch, fast 80 Prozent sind Analphabeten. Sie sind Nomaden. Sie müßten aber seßhaft sein, sich niederlassen, als Bauern arbeiten, den staubtrockenen Boden bewässern, wenn sie eine Chance haben wollen. Doch sie nehmen die Chance nicht wahr. Die Freiheit der Neuen Welt galt nicht für die Ureinwohner, und unbegrenzt waren die Möglichkeiten für die Weißen auch nur, weil diese sich um die Grenzen der Humanität und Moral nicht scherten.

Schweigen lastete über dem kleinen Raum hinter der Zapfsäule. Es roch nach Gummi und Öl. Ob er, Phillip, Menschen wie J.J. verstehe? Ob er etwas übrig habe für den Widerstand der Indianer? Ob er schon mal in Phoenix gewesen sei, dieser glitzernden Stadt der Zukunft? Nein, sagte er, griff nach einem Putzlumpen, wischte sich Ölreste von den Händen und ging hinaus.

Nein. Nur das. Mehr wollte er nicht sagen. Es sagte alles.

Einer zu Fels erstarrten, verwunschenen Burg gleichen die verwitterten Steinsäulen und Türme am Peekaboo Trail im Bryce Canyon.

ES WAR SEHR SCHÖN, ALS ICH AUFWACHTE, und ein Blick auf die Uhr sagte mir, daß das alles nur etwas mehr als eine halbe Stunde her war. Ich erinnerte mich, was geschehen war und daß ich auf diesem Kissen lag, in diesem Zimmer, sie neben mir, ohne daß ich ihren Atem hörte, so leise schlief sie. Mein Gott, war ich nur noch Gehirn? Konnte ich denn nie abschalten?

Ich drehte mich leise zur Seite und achtete darauf, daß ich ihr Knie weiter spürte. Das Buch war gar nicht schlecht, und ich las die Geschichte, die da in Rock Springs passiert war, immer wieder gerne. Besser kann man nicht anschaulich machen, wie sehr dieses Land noch mit seiner Vergangenheit verwoben ist.

Am 14. Juli 1978 betrat ein 29jähriger New Yorker puertoricanischer Abstammung eine Bar in Rock Springs,

Nicht durch die Kraft eines Flusses, sondern durch Frost, Wind und Regen wurden die Felsformationen des Bryce Canyon geschaffen.

einem Ort, nicht weit von da entfernt, wo wir vor ein paar Tagen waren. Der Mann hieß Michael Rosa. Er stürmte mit einem Drink in der Hand aus der Bar, blickte einen anderen Mann haßerfüllt an und sagte: «Was wollt ihr Hurensöhne von mir?» Sekunden später war er tot. Eine Pistolenkugel hatte ihn genau zwischen die Augen getroffen. Sie hinterließ ein kleines kreisrundes Loch, aus dem ihm das Blut in schmalen Rinnsalen über das Gesicht lief. Der Schütze war der Polizeichef von Rock Springs. Sein Name: Ed Cantrell. Für die Zeitungen ein klarer Fall: Mord.

Einige Zeit später war die Gerichtsverhandlung, und es war eine aufsehenerregende Verhandlung. Cantrell hatte sich als Anwalt einen gewissen Gerry Spence genommen, einen Mann mit legendärem Ruf. Für den 55jährigen Verteidiger war jeder Prozeß wie ein Pistolenduell, jeder Gerichtssaal eine Arena voller Blut und Tod. Zwei Männer hatten sich gefunden, die besser nicht hätten zusammenpassen können: Ed Cantrell war nicht nur Polizeichef, er stand auch in dem Ruf, der schnellste Schütze des Westens zu sein. Wohlgemerkt, im Jahre 1978. Fragt sich doch, wie er den Ruf erworben hat.

Alles war gespannt auf Spences Strategie. Wie würde er dem eindeutigen Mordvorwurf der Anklage begegnen? Cantrell hatte sich in seiner ersten Aussage nach der Tat festgelegt: Er habe in den Augen des Gegners Mordlust entdeckt, sei deshalb gezwungen gewesen, diesem zuvorzukommen, habe somit in Notwehr gehandelt. Nur: Warum hatte Michael Rosa, das Opfer, seine Hand noch nicht einmal an der Waffe gehabt? Ein Ausdruck in den Augen als Angriffshandlung?

Doch wir sind im Land von Buffalo Bill und Fort Laramie, im Land von Butch Cassidy und Sundance Kid, im Land von John Wayne und Leuten wie Gerry Spence. Die Situation war klassisch: Spence und Cantrell kämpf-

Die beschaulichste Art, den Lake Powell mit seinen Seitencanyons kennenzulernen, ist sicherlich, ihn mit einem Hausboot zu befahren.

ten gegen den Rest der Welt. High Noon im Gerichtssaal. Welche List würde Spence anwenden, um der Übermacht zu trotzen und das Unmögliche doch noch möglich zu machen? Denn die eine Frage blieb, und sie konnte tödlich sein: Warum hatte Michael Rosa nicht zu seinem Revolver gegriffen, wenn er doch die Absicht hatte, Cantrell umzubringen?

Spence kämpfte. Machte den Gerichtssaal zur Arena. Er gab einem Polizisten eine Waffe mit Platzpatronen und forderte ihn auf, diese auf den Bauch eines Pistolenschützen zu richten, eines Revolverhelden, den er, Spence, ausfindig gemacht hatte. Und das Duell endete, wie es Spence erhofft hatte: Der Revolverheld zog so schnell, schoß so geschwind, in dem Bruchteil einer Sekunde, daß sein Gegenüber nicht einmal die Chance hatte, die Waffe vom Bauch zum Herzen seines Gegners zu heben. Damit war für die Geschworenen klar: Michael Rosa hätte Cantrell getötet, wenn dieser nicht so schnell gewesen wäre. Das Urteil für Cantrell: nicht schuldig.

Wie gesagt, das war 1978. In Rock Springs. In Rock Springs brauchte man also nur in den Augen eines anderen eine Mordabsicht zu lesen, dann konnte man ihn dafür umbringen. Vom Gericht bestätigt. Vom Publikum bejubelt. Schade, daß wir nicht nach Rock Springs gefahren waren.

Ich faßte hinter mich. Sie war noch da.

MEIN GOTT, WIE LANGE LAG ICH JETZT SCHON HIER? In diesem Bett in Tucson mit dem zerwühlten Laken, vor Notizblock und Fernseher, mit Kopfschmerzen und voller Unglück. «Leute mit feuchten Händen haben bei mir keine Chance», sagt einer dieser Bosse mit schwarzem Hut und Sottocapo an der Seite. Diesmal auf Channel 7. «Ich nehme nur Top-Leute.»

Fahrt über den Lake Powell zur majestätischen Rainbow Bridge, die als die größte und schönste Natursteinbrücke der Erde gilt.

Ich drückte auf die Tasten der Fernbedienung. Die Sonne war mittlerweile untergegangen, nur noch einzelne rosa Streifen zwischen den zerfaserten Wolkenbändern erinnerten an den wunderschönen Tag, der er zeitweilig gewesen war.

Eine scharfe Stimme durchschnitt den Raum. «George, du wolltest mir was sagen.» Oh Gott, eine Soap-Opera. «Ja Beth, über Harry und Jane…»

«Du meinst, Jane hat von Mary erfahren?»

«Nicht alles, aber als ich Malcolm vor dem Planetarium traf, da sagte er…»

«Vor dem Planetarium?» Die Stimme wurde schärfer, fast schrill. «Ich dachte, du wärst auf dem Weg zu Fred…» Nein, das hielt ich nicht aus. Ein tiefer Schluck aus der Flasche. Egal, wie schlecht der Wein war, schlimmer konnte es nicht werden.

Knopfdruck. Channel 4. Ein dicklicher Mann mit Fliege und dunklem Anzug steht auf der Bühne von Caesars Palace in Las Vegas. «Kürzlich traf ich meine Nachbarin, eine ältere unverheiratete Dame, in einem Laden», erzählt er. «Sie kaufte eine elektrische Heizdecke.» Gelächter. «Sagte der Verkäufer zu ihr: ‹Lady, wollen Sie eine Heizdecke für eine oder eine für zwei Personen?›» Mehr Gelächter. «Antwortet die Frau: ‹Wenn es für zwei Personen wäre: Glauben Sie, daß ich dann überhaupt eine Heizdecke bräuchte?›» Wogen des Gelächters.

Ich stellte den Ton ab und trank die Flasche leer. Ich weiß nicht, warum sie das getan hat. Ich verstehe es nicht. Als ich aufwachte, war sie weg. Und mit ihr meine Papiere. Und mit den Papieren sämtliches Geld. Die Reiseschecks. Die Kreditkarte. Sogar die zwei Hundertmarkscheine. Keine Spur mehr von ihr. Vermutlich war auch der Name falsch. Sal Willis aus Chicago! Welch ein Witz. Immerhin: Für mich war er gut genug gewesen.

Zwei Tage später, zwei Tage nach dem Sturz in den Abgrund, nach den wunderschönen Stunden mit Sal in Sedona, als ich noch an sie glaubte, waren wir in Phoenix, der Stadt, die Phillip nie gesehen hatte und in der J.J. zu Hause war. Ich war anfangs etwas verlegen, wußte nicht so recht umzugehen mit diesem Gefühl der Nähe, aber Sal half mir aus der Klemme. Sie benahm sich wie immer.

Was hatten sie uns nicht alles erzählt, vorher. In keiner anderen Stadt steige die Einwohnerzahl so schnell wie in Phoenix. Eine verführerische Stadt sollte dies sein, eine Verheißung, eine glitzernde Metropole inmitten der Wüste, ein Magnet, ein Sinnbild des Fortschritts. Und was war es wirklich? Eine nicht sehr eindrucksvolle Gegend, die wenig gemein hat mit meiner Vorstellung von einer Metropole. Auf mich machte sie den Eindruck, als ob jemand ein paar Steinhaufen in die Wüste geworfen hätte, hier eine Wohnsiedlung, da ein Geschäftszentrum, dort eine Fabrik. Die Mitte bildete ein Bündel mittelgroßer Hochhäuser aus Glas und Stahl. «Das ist das Zentrum», sagte J.J.

Wir saßen in einem dieser gigantischen Steakhäuser in eben diesem Zentrum, und jeder hatte etwa einen Viertelquadratmeter Fleisch vor sich, das unter dem Titel «Little Cowboy» auf der Karte stand, und ich fragte mich, wie wohl der große Cowboy aussehen mochte. Schätze, hier könnt ihr satt werden, sagte J.J. und nahm einen tiefen Zug eiskalten Bieres. Wißt ihr, fuhr er fort und wischte sich mit dem Handrücken den Schaum vom Mund, die alten Industriestädte sind so gut wie tot.

J.J. liebte es offenbar zu übertreiben, vielleicht, weil Sal dabei saß und sie ja aus einer dieser Städte kam. Eins aber war gewiß: Sechs der größten Städte Amerikas liegen mittlerweile im Sonnengürtel – Los Angeles, Houston, Dallas, San Diego, San Antonio und natürlich Phoenix. Die alten Industriestädte wie Cleveland in Ohio, Detroit in Michigan, Pittsburgh in Pennsylvania oder Baltimore in Maryland – das sind nicht mehr die Orte, in denen sich der amerikanische Traum verwirklicht.

Es dauerte nicht lange, genau noch zwei Bier, da hatte J.J. die Lust verloren, über die Verlagerung der demographischen und wirtschaftlichen Schwerpunkte vom Norden der USA in den Süden zu reden. Ihn interessierte nicht der Rückgang der Industriearbeiterschaft alten Stils, zum Beispiel, daß es nur noch 12 Prozent *blue collar workers* gibt. J.J. bestellte ein weiteres Bier und erzählte Geschichten aus seinem Trucker-Leben.

J.J., fragte plötzlich Sal, und ich schreckte richtig zusammen. Kannst du dich noch an Phillip erinnern, diesen Indianer?

J.J. schaute angestrengt. Welcher Indianer? Er hatte ihn vergessen.

Und dann gab's noch zwei Nachrichten, eine gute und eine schlechte. Die schlechte: Das Bier war aus. Und die gute: Sal wollte nicht in Phoenix bleiben. Sie wollte weiter mitfahren, wohin immer ich wollte.

Das war nun wirklich was.

Als Jacob Waltz und Jacob Weiser die beiden Fremden am Eingang der Höhle sahen, brauchten sie sich nicht zu verständigen; sie wußten, was zu tun war. Sie hoben ihre Gewehre, und wenige Sekunden später brachen die beiden Männer ohne einen Laut zusammen. Jacob Waltz und Jacob Weiser hatten die geheimnisvolle Lost Dutchman Mine entdeckt, die reichhaltigste Goldmine des Westens, und jetzt hatten sie den Schatz für sich alleine. Das war im Jahre 1871.

Als Wahrzeichen des Canyonlands National Park gilt der Angel Arch (rechts). Im Vordergrund der «Backenzahn-Fels» – Molar Rock.

113

Highest Grade COFFEE
Measure
We Guarantee A PERFECT FIT to Every Customer
IT'S EASY TO DYE

GEISTERSTÄDTE

Aus der Zeit des Bergbaus stammen die zahlreichen mehr oder weniger gut erhaltenen Ghost Towns, die heute beliebte Touristenziele sind, wie etwa Madrid (Seite 114 oben). – Die Goldgräberstadt Bodie (Seite 114 unten: links, Mitte und rechts, Seite 115 oben und Seite 115 unten rechts) wurde 1962 in ein Freilichtmuseum umgewandelt. – Der Friedhof von Tombstone im Südosten Arizonas (Seite 115 links unten), einer Geisterstadt, die einst zu den berühmtesten Orten des legendären Wilden Westens gehörte.

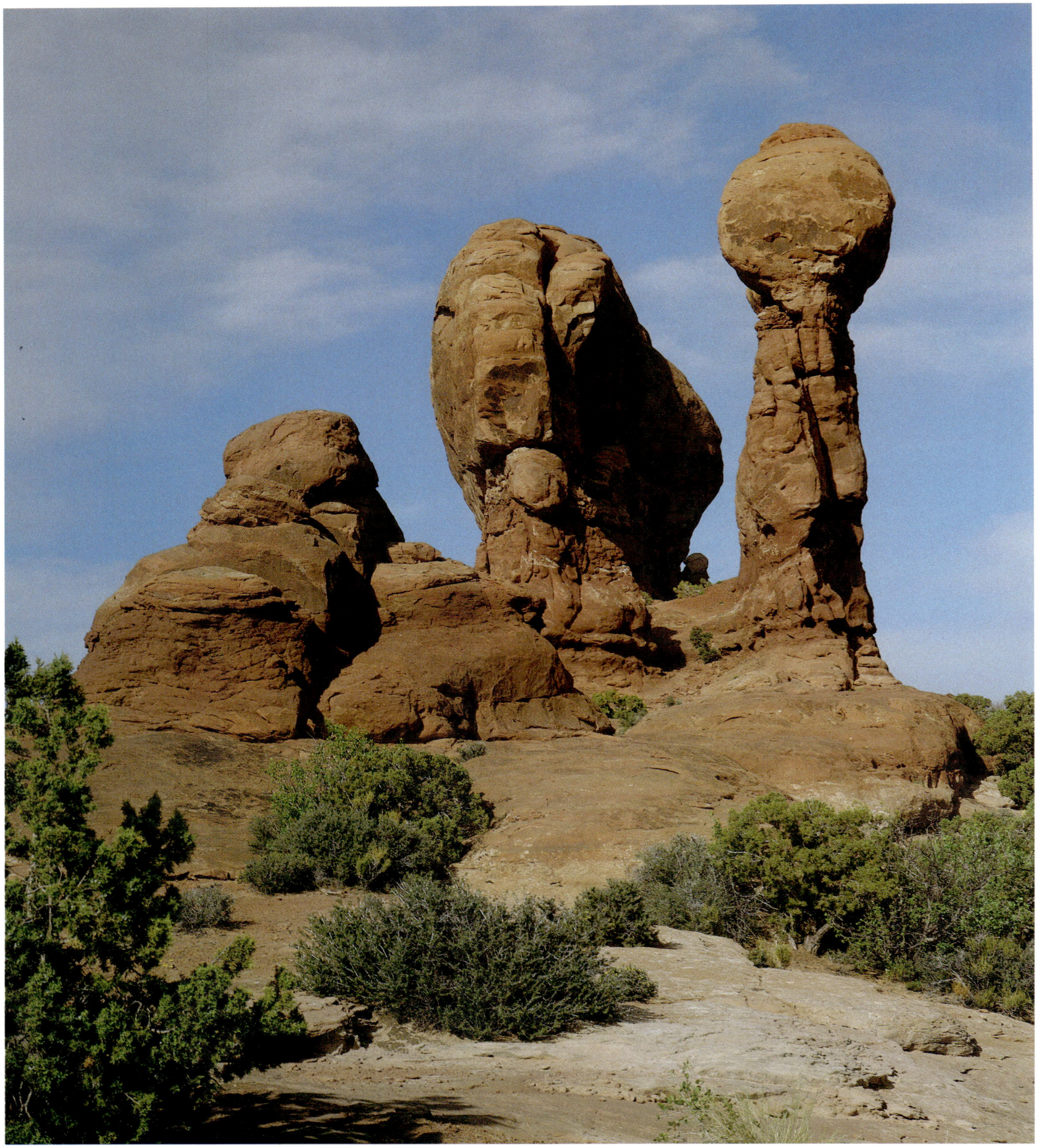

Was dann passierte, ist nie aufgeklärt worden, und es ist nur natürlich, daß sich eine Menge Legenden gebildet haben um diesen Jahrhundertfund. Ob Waltz seinen Partner umbrachte? Keiner weiß es. Man weiß nur, daß Jacob Weiser plötzlich verschwunden war. Und man weiß auch, daß Jacob Waltz von dem Moment an einer der reichsten Männer im Raume Phoenix war. Wann immer er mit einer neuen Ladung Nuggets aus seiner Mine kam, feierte er wie ein König: Meist dauerte sein Rausch vier Tage.

Und er war gerissen. Denn natürlich gab es eine Menge Leute, die ihm sein Geheimnis entreißen wollten. Sie lauerten ihm auf, sie versuchten ihm zu folgen, sie wandten sämtliche Tricks an, doch der alte Fuchs schüttelte sie immer wieder ab – wenn es sein mußte, mit ein paar gezielten Schüssen aus dem Hinterhalt. Erst auf dem Totenbett verriet er sein Geheimnis. Doch noch in derselben Nacht erschütterte ein Erdbeben Arizona, das die Landschaft so stark veränderte, daß trotz heftigster Suche niemand die Orientierungspunkte des alten Goldgräbers wiederfand.

Und so liegt, sagte ich zu Sal, hier in der Nähe, hier in den Superstition Mountains, hier zwischen dem Gila River und dem Salt River, vielleicht sogar unter dieser Straße, auf der wir fahren, einer der größten Goldschätze des Landes.

Sals Augen glänzten. Erzähl weiter, drängte sie.

Es gibt kein Weiter.

Wir waren da. Die Vegetation wurde üppiger, und die Skyline von Tucson flimmerte über der Hitze des Horizonts. Schade, sagte sie, und es klang wirklich traurig.

Mächtige Felsblöcke und phantastische Säulen aus Entrada-Sandstein erwarten den Besucher des Garden of Eden im Arches National Park, der im Osten des Bundesstates Utah liegt.

ICH SUCHTE AUF DEM BAND DER GRÜN SCHIMMERNDEN RÖHRE TUCSONS JAZZ STATION. Piepsen, Wortfetzen, Rauschen und plötzlich – My funny Valentine. Die zarten, melancholischen Töne von Chet Baker und Gerry Mulligan schwebten leise durch den Raum, krochen in die Ecken und erfüllten alles mit sanfter Traurigkeit. Das Land ist Blues, dachte ich, dieser Abend ist Blues, und nichts konnte meine Situation besser kennzeichnen als der Blues. Ich machte das tonlose Geflimmer aus, wälzte mich aus dem Bett und war gerade auf dem Weg ins Bad, als das Telefon klingelte.

Hallo?

Hallo, hier Sal.

Oh, hallo. Ich war richtig erschrocken.

Tut mir leid, wenn ich störe, sagte sie.

Du störst nicht.

Ich hab' den Paß und den Führerschein ans Hotel geschickt, müßte morgen da sein.

Von wo rufst du an?

Pause. Aus Chicago. Milwaukee Avenue.

Es gibt in Chicago keine Milwaukee Avenue.

Ich weiß.

Chet Baker trieb den Ton weich und fast ohne Ansatz in den Refrain.

Warum hast du das getan? fragte ich.

Sie schwieg. Nur ein leises Rauschen erfüllte den Hörer. Nur das Geräusch ihres Atems.

He, Mann, es tut mir leid, wirklich. Sie sagte es ohne ein Zittern in der Stimme.

Und dann legte sie auf.

Ich schaute auf den Hörer in meiner Hand, drückte ihn sanft auf die Gabel. Von draußen drang Leben herein, Getrappel von Stöckelschuhen; einer rief nach einem Taxi. Ein Lichtschein schwirrte durchs Zimmer. Und My funny Valentine flog hinaus in die warme Nacht.

DAS COLORADO-PLATEAU

Lage und Größe

Der überwiegende Teil der Landschaften, die in diesem Band in Photographien und Texten vorgestellt werden, gehört zum Colorado-Plateau im Südwesten der USA. (Zu den Sehenswürdigkeiten im einzelnen siehe Seite 124 ff.) Dieses steppenhafte Tafelland wird im Norden und Osten durch die Rocky Mountains begrenzt, reicht im Westen an das Great Basin und im Süden bis zur Sonora-Wüste, es umfaßt somit die südliche Hälfte Utahs, den äußersten Westen und Südwesten Colorados, den nordwestlichen Teil von New Mexico und die nördliche Hälfte von Arizona. Man könnte es durch eine Linie eingrenzen, die von Provo (südlich von Salt Lake City, der Hauptstadt von Utah) ausgeht und die Städte bzw. kleineren Ortschaften Grand Junction und Durango (beide in Colorado), Los Alamos und Silver City (New Mexico), Sedona (Arizona) und Cedar City (Utah) verbindet und zurück nach Provo führt.

Das so markierte Oval erstreckt sich über eine Fläche von 337000 Quadratkilometern (zum Vergleich: die Bundesrepublik ist um ein Viertel kleiner) und liegt zwischen dem nördlichen 33. und 41. Breitengrad und dem westlichen 107. und 113. Längengrad.

Das Colorado-Plateau ist aber keineswegs eine Hochebene, wie sein Name vermuten läßt, sondern gleicht eher einer flachen Schüssel, die zum Großteil mehr als 1500 Meter über dem Meer liegt. Es ist durchstoßen und aufgewölbt von Bergen vulkanischen Ursprungs bis zu 3877 Metern Höhe (La Sal Mountains südöstlich von Moab, Utah) und zerschnitten von zahllosen Schluchten (Canyons), deren tiefste und zugleich berühmteste der Welt – der Grand Canyon – bis zu einer Tiefe von 600 Metern über dem Meer hinunterreicht.

Andere tiefe Einschnitte in die meist horizontal liegenden mächtigen Schichtgesteine kambrischen und tertiären Alters wurden von Nebenflüssen des Colorado, wie Green River, San Juan River, Dirty Devil und Escalante, geschaffen.

Diese Canyons zerteilen das Colorado-Plateau in zahlreiche einzelne Hochflächen, die im Relief des Plateaus eine blattähnliche Struktur ergeben und die eigene Namen wie zum Beispiel Kaibab-Plateau, Paria-Plateau, Black Mesa, Aquarius-Plateau, Coconino-Plateau, Kaibito-Plateau und Uncompahgre-Plateau haben.

Die Entstehung

Die geologische Geschichte des Colorado-Plateaus läßt sich bis ins Paläozoikum vor rund 600 Millionen Jahren zurückverfolgen. Damals lag das heutige Hochland noch an und unter dem Weltozean; mächtige Ablagerungen und Sanddünen entstanden. Nachdem sich die nordamerikanische Platte von der eurasischen Platte getrennt hatte und sich über die pazifische Platte zu schieben begann, setzten vor achtzig Millionen Jahren heftige geologische Aktivitäten ein (Laramid-Orogenese), die ungefähr vierzig Millionen Jahre andauerten.

In dieser Periode begann die Hebung des Colorado-Plateaus, auch die Rocky Mountains falteten sich auf, und das Colorado-Plateau wurde stellenweise von unten aufgerissen. Durch die Risse strömte Magma nach oben und formte vor etwa fünfzig Millionen Jahren die Navajo und Henry Mountains sowie die San Francisco Peaks, die La Sal Mountains und weitere Gebirge. Dabei durchbrach das Magma die Erdoberfläche meist nicht, sondern wölbte sie auf (vulkanische Intrusion).

Diese Aktivität ging vor etwa vierzig Millionen Jahren zu Ende, die Dinosaurier waren schon lange ausgestorben. Von da an blieb das Colorado-Plateau für die nächsten dreißig Millionen Jahre trotz vieler geologischer Veränderungen in seiner Umgebung stabil. Daraus schließen die Geologen, daß die Erdkruste unter dem Colorado-Plateau besonders mächtig ist. In dieser Zeit fingen die Vorgänger des heutigen Colorado, Dolores, San Juan und Green River ihre Erosionsarbeit an und entwickelten sich zu behäbigen mäandernden Strömen. Die Niederschläge waren damals weitaus stärker als heute. Nach diesen dreißig Millionen Jahren der Ruhe begann vor zehn Millionen Jahren nochmals eine aktive Phase, in deren Verlauf das gesamte Plateau mit allem, mit Bergen und Tälern, um etwa 1600 Meter gehoben wurde. Die vorhandenen Flüsse erhielten ein neues, starkes Gefälle und schnitten sich um so tiefer in das Plateau ein, je höher dieses gehoben wurde, wobei sie die bei ihrem früheren trägen Lauf entstandenen Schleifen beibehielten. Damit entstand etwas Besonderes: tief eingeschnittene Mäander, wie sie zum Beispiel in einer auf der Welt vermutlich einmaligen Weise an den «Goosenecks» des San Juan River bei Mexican Hat in Form einer engen Dreifachschleife zu bewundern sind. Sie sind auch die Voraussetzung für die Bildung der Natursteinbrücken (nicht zu verwechseln mit den windgeblasenen Steinbögen), deren berühmtestes Beispiel ein wahres Weltwunder ist: die 88 Meter hohe und 84 Meter weite Rainbow Bridge.

In diesen letzten zehn Millionen Jahren wurde durch die intensive Schleif- und Transportarbeit der Flüsse, aber auch durch wehenden Sand, Frost und Hitze, selbst durch die Sprengkraft von Pflanzenwurzeln das Colorado-Plateau geformt, wie wir es heute sehen.

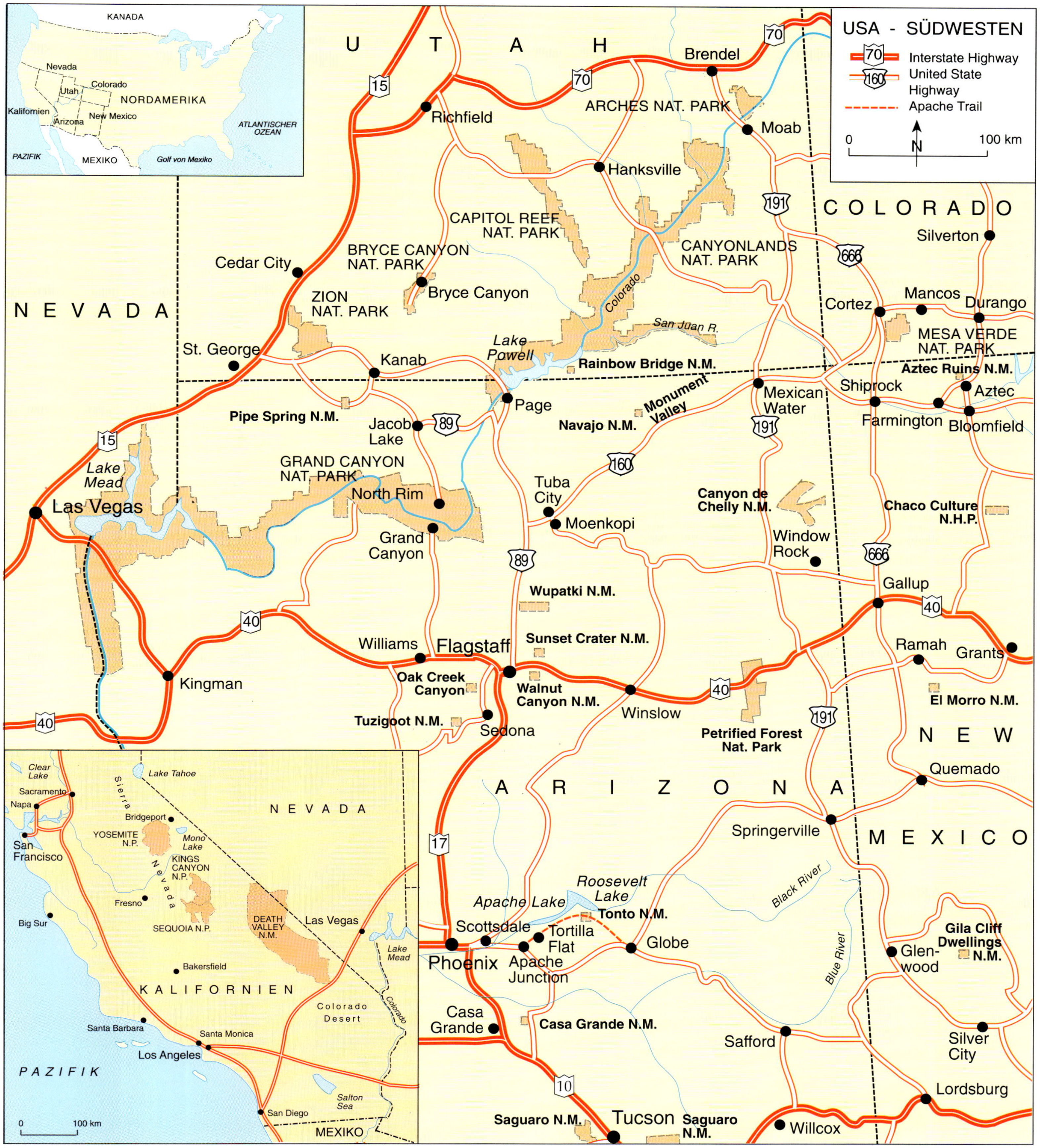
USA - SÜDWESTEN
Interstate Highway
United State Highway
Apache Trail
0
100 km
N
KANADA
Nevada
Colorado
Utah
NORDAMERIKA
Kalifornien
Arizona
New Mexico
ATLANTISCHER OZEAN
PAZIFIK
MEXIKO
Golf von Mexiko
U T A H
N E V A D A
COLORADO
A R I Z O N A
N E W
M E X I C O
Brendel
Richfield
ARCHES NAT. PARK
Moab
Hanksville
CAPITOL REEF NAT. PARK
BRYCE CANYON NAT. PARK
Bryce Canyon
CANYONLANDS NAT. PARK
Cedar City
ZION NAT. PARK
Colorado
San Juan R.
St. George
Kanab
Lake Powell
Rainbow Bridge N.M.
Page
Pipe Spring N.M.
Jacob Lake
Navajo N.M.
Monument Valley
Mexican Water
Silverton
Cortez
Mancos
Durango
MESA VERDE NAT. PARK
Aztec Ruins N.M.
Shiprock
Aztec
Farmington
Bloomfield
Lake Mead
Las Vegas
GRAND CANYON NAT. PARK
North Rim
Grand Canyon
Tuba City
Moenkopi
Canyon de Chelly N.M.
Chaco Culture N.H.P.
Window Rock
Gallup
Wupatki N.M.
Sunset Crater N.M.
Williams
Flagstaff
Ramah
Grants
Kingman
Oak Creek Canyon
Walnut Canyon N.M.
Winslow
El Morro N.M.
Tuzigoot N.M.
Sedona
Petrified Forest Nat. Park
Quemado
Springerville
Roosevelt Lake
Apache Lake
Tonto N.M.
Black River
Scottsdale
Tortilla Flat
Globe
Gila Cliff Dwellings N.M.
Phoenix
Apache Junction
Glen-wood
Blue River
Casa Grande
Casa Grande N.M.
Safford
Silver City
Lordsburg
Saguaro N.M.
Tucson
Saguaro N.M.
Willcox
Clear Lake
Lake Tahoe
Sacramento
Napa
Sierra Nevada
Bridgeport
NEVADA
YOSEMITE N.P.
Mono Lake
San Francisco
KINGS CANYON N.P.
Fresno
Big Sur
DEATH VALLEY N.M.
Las Vegas
SEQUOIA N.P.
Lake Mead
Bakersfield
KALIFORNIEN
Colorado
Colorado Desert
Santa Barbara
Santa Monica
Los Angeles
PAZIFIK
Salton Sea
San Diego
MEXIKO
0
100 km
70
160
15
191
666
89
160
40
17
10

Zerklüftete Felslandschaft am Burr Trail, der von Boulder in den Capitol Reef National Park führt.

Dabei wurden rund 1500 Meter Schichtgestein abgetragen, also etwa die vorher erwähnte Anhebung des Plateaus, auf das Jahr umgerechnet nur 0,15 Millimeter und doch, in den geologischen Zeiträumen von Millionen Jahren gesehen, in rasanter Weise. Diese Erosion ist nun keineswegs Vergangenheit, sie dauert weiter an, wenn auch die Fräskraft des Colorado durch die Rückhaltung von Sedimenten im Lake Powell vorübergehend reduziert ist. Für die geologische Entwicklung des Colorado-Plateaus ist dieser Damm aber unbedeutend. In schon einigen hundert Jahren, spätestens aber in tausend Jahren, geologisch gesehen also in weniger als einem Augenblick (die Erde ist etwa fünf Milliarden Jahre alt, umgerechnet auf einen Tag sind tausend Jahre 0,02 Sekunden), wird der See zugeschwemmt sein, und der Colorado wird wieder mit voller Kraft strömen – vorausgesetzt, daß keine wesentlichen klimatischen Wechsel die Niederschlagsmenge in seinem Einzugsgebiet verändern.

Darüber hinaus wirken die anderen Erosionskräfte (Wind, Frost und Hitze) auch heute ungehindert weiter.

Auch wenn man all dies weiß, ist es schwer vorstellbar, daß der Blick in den Grand Canyon oder auf das majestätische Monument Valley im erdgeschichtlichen Ablauf nur eine Momentaufnahme ist. Auch empfinden wir die grandiose Landschaft nicht als das Produkt einer Orgie der Zerstörung, sondern als ein Bild erhabener Ewigkeit.

Für Geologen ist das Colorado-Plateau ein äußerst interessantes Studienobjekt. Der an den Einschnitten spärliche Pflanzenwuchs, bedingt durch arides Klima mit in weiten Teilen des Plateaus weniger als 200 Millimeter jährlichem Niederschlag, und dementsprechend offene Blick auf die aufgeschlossenen Gesteine schaffen Einsichten bis in die Erdfrühgeschichte, so im Grand Canyon bis in die Zeitalter vor etwa zwei Milliarden Jahren.

Besonders interessant ist die Entstehung der «Großen Treppe» (Grand Stairway), wie die Geologen eine mit dem Kaibab-Plateau am North Rim des Grand Canyon beginnende und mit den Pink Cliffs des Bryce Canyon endende aufsteigende Schichtfolge von Sedimentgestein genannt haben. In den oberen Lagen des Grand Canyon National Park finden sich die gleichen Gesteine wie in den unteren Lagen des Zion National Park, dessen obere Lagen sich wiederum in den tiefsten des Bryce Canyon wiederfinden. Da die ursprünglich horizontale Schichtung im Verlauf der Erdgeschichte gekippt wurde, liegen Schichten unterschiedlichen Alters heute auf annähernd gleichen Höhenlagen; mit anderen Worten, die erdgeschichtliche Treppe wurde flachgelegt. Aber obwohl die Orte, an denen die Schichtfolgen aufgeschlossen sind, das heißt unverdeckt zu sehen sind, bis zu hundert Kilometer voneinander entfernt sind,

Versteinerte Dünen vor den markanten Felsformationen des Garden of Eden im Arches National Park.

können trotzdem identische Lagen an ihren charakteristischen Farben erkannt werden.

Die Besiedlungsgeschichte

Was außer dem faszinierenden Einblick in die Erdgeschichte, den das Colorado-Plateau bietet, zieht jedes Jahr so viele Besucher aus den USA und immer mehr auch aus Europa an und verlockt sie zu wiederholten Besuchen? Es ist sicherlich auch die kulturgeschichtlich interessante Besiedlungsgeschichte dieses Gebiets. Soviel man heute weiß, betraten Menschen erstmals vor zwölf- bis fünfzehntausend Jahren das Colorado-Plateau. Es waren Nomaden, die das damals noch vorhandene Großwild jagten. Nach dem Ende der Eiszeit lebten zwischen 8000 Jahren vor der Zeitrechnung bis zu ihrem Beginn hier die Cochise, ebenfalls Nomaden, Jäger und Sammler.

Mit dem Beginn unserer Zeitrechnung erschienen dann die Pueblo-Indianer. Sie entwickelten eine beachtenswerte Kultur, die sich in ihren Pueblos und den dort gefundenen Keramiken und anderem manifestiert. Ihr Untergang ist noch ungeklärt, vielleicht war das Eindringen der nomadisierenden Apacho und Navajo in ihren Lebensraum mitentscheidend.

Im Sommer 1540 zog die Armee des Francisco Vasquez de Coronado auf der erfolglosen Suche nach sagenhaften Goldschätzen über das Colorado-Plateau.

Die Truppe bestand aus 336 Spaniern und etwa 1000 Indianern. Die mit diesem und weiteren Entdeckungszügen entstandene spanische Vorherrschaft wurde 1821 durch eine Revolution beendet, die neue Nation Mexico wurde ausgerufen. Nach einer kriegerischen Auseinandersetzung, die 1846 im Streit um Kalifornien begann, mußte Mexico 1848 die heutigen Bundesstaaten New Mexico, Arizona, Kalifornien und Nevada an die USA abtreten.

Um diese Zeit begann die Besiedlung dieses Gebietes durch die Mormonen, die hier nach ihrer Drangsalierung im Osten der USA eine neue Bleibe zu finden hofften und tatsächlich auch fanden. Über zwei Drittel der heutigen Bevölkerung Utahs bekennen sich zum Mormonentum, und auch in Arizona (vor allem im Norden des Bundesstaates) sind die Mormonen stark vertreten.

Naturschönheiten

Die Faszination des Colorado-Plateaus liegt aber für die meisten wohl mehr als in der Geologie und der Besiedlungsgeschichte in seinem großartigen landschaftlichen Reiz: in der unglaublichen topologischen und morphologischen Vielfalt der in vielen Farben (vorherrschend Rot) variierenden Tafelberge und

Schluchten, Klippen, Brücken, Bögen, Pfeiler, Säulen, Dome, Türme und Spitzen.

Die Amerikaner haben für diese Erscheinungen noch mehr Wörter: Mesas, Buttes, Canyons, Gorges, Towers, Arches, Bridges, Cliffs, Fins, Reefs, Spires, Pinnacles, Pillars, Columns, Knobs, Goblins, letztere auch zu «Hoodoos» zusammengefaßt (Hoodoo = a pinnacle, pillar or odd shaped rock left standing by the forces of erosion).

Diese vielfarbigen oder einfarbigen Wunderwerke der Natur – majestätisch und erhaben, manchmal aber auch bizarr, skurril oder lustig – haben, vielleicht auch, weil die Steinlandschaften des Colorado-Plateaus zum Großteil sogenannte Badlands (nicht nutzbares Land) sind, Anlaß zur Schaffung zahlreicher National Parks und National Monuments gegeben.

Zu diesen Parks kommen noch der Navajo Tribal Park (Monument Valley) und zahlreiche State Parks und State Reserves, die ähnlichen Schutzbestimmungen wie den für die National Parks gültigen unterliegen. (Siehe hierzu die Zusammenstellung der geschützten Gebiete auf Seite 177.)

Die Gesamtfläche dieser Schutzgebiete ist kleiner als ein Zehntel der Fläche des Colorado-Plateaus, aber in solcher Dichte sind sie wohl nur dort anzutreffen. Besonders viele Schutzgebiete gibt es bei Moab, Utah. Moab kann daher mit Recht – neben dem Grand Canyon, der mit dem Grand Canyon Village sein eigenes, in der Hochsaison überlaufenes Touristenzentrum besitzt, und Page, Arizona – als *das* Reisezentrum des Colorado-Plateaus gelten.

In Moab gibt es zahlreiche Hotels und Motels, Campingplätze, Autoverleiher, Anbieter von Jeep-, Floß- und Flugtouren. Aber auch an vielen anderen Orten des Colorado-Plateaus finden Reisende das, was sie brauchen, und doch immer noch auch grandiose Einsamkeit. Weil wir es hier mit einem Teil der USA zu tun haben, sind einige Superlative natürlich unvermeidlich. So ist die Rainbow Bridge mit ihrer Höhe von 88 Metern und ihrer Weite von 84 Metern die größte und bei weitem schönste Natursteinbrücke der Welt, der Landscape Arch im Arches National Park, nach dem wesentlich weniger ansehnlichen Kolob Arch im Zion National Park, mit einer Spannweite von 89 Metern und einem Querschnitt von nur 3,35 mal 1,8 Metern der weitestgespannte Natursteinbogen. Er ist inzwischen schon so schlank, daß er vielleicht noch zu unseren Lebzeiten zerbrechen wird. Der Arches National Park bietet mit 200 Steinbögen die größte Sammlung dieser Art, das Natural Bridges National Monument die meisten Natursteinbrücken.

Der völlig frei stehende Spider Rock im Canyon de Chelly National Monument ist ein Sandsteinturm, der mit seiner Höhe von 245 Metern mit dem Empire State Building wetteifert. Und zu nennen wären natürlich auch der Grand Canyon, eine der tiefsten und längsten Schluchten der Welt, und der Lake Powell, unter den von Menschen geschaffenen Seen einer der größten mit der längsten Küste aller dieser Seen, nämlich etwa 3140 Kilometern (die Westküste der USA ist nur halb so lang).

Den Eindruck, den diese Landschaft der Superlative vermittelt, schilderte der Amerikaner H.L.A. Culmer 1909 mit folgenden Worten: «Scenes of magnificent disorder, in savage grandeur beyond description. The remnants of the land remain of impressive but fantastic wildness, mute witness of the powers of frenzied elements wrecking a world. These were the powers that fashioned these monoliths that rise like lofty monuments ... they strewed over a region as large as an empire such bewildering spectacles of mighty shapes that Utah must always be the land sought by explorers of the strange and marvelous.»*

---

* «Szenen von großartiger Unordnung und wilder Erhabenheit, die sich der Beschreibung entziehen. Die Überreste eines Landes voll beeindruckender und phantastischer Wildheit – stumme Zeugen der Kräfte rasender Elemente, die eine Welt zertrümmert haben. Kräfte, die jene Monolithe formten, die wie Monumente aufragen. Über ein Gebiet so groß wie ein Imperium streuten sie solch verblüffende Spiele mächtiger Formen, daß Utah immer das Land sein wird, das die Erforscher des Fremdartigen und Wunderbaren suchen.» (Übersetzung: Helmut Friedrich)

Der Egyptian Temple, ein ganz besonderes Prachtwerk der Erosion, im Capitol Reef National Park.

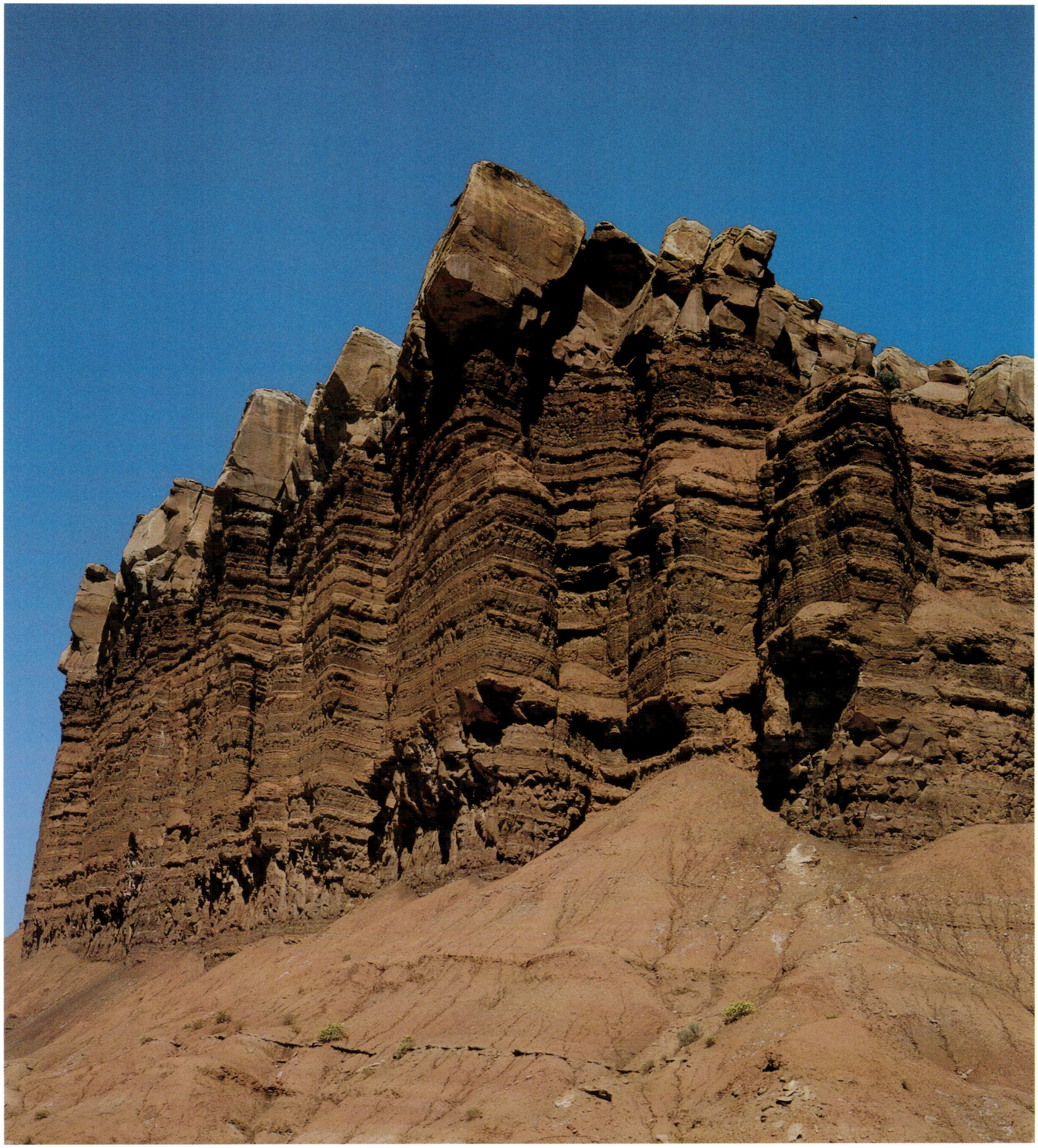

Die Canyonlandschaften im Südwesten der USA von A bis Z

Anasazi («die, die gegangen sind»). Bezeichnung der → Navajo für die früheren indianischen Bewohner des → Colorado-Plateaus. Von den Spaniern wurden sie zu den → Pueblo-Indianern gezählt. Es gibt keine durchgehende kulturelle Überlieferung zwischen den Anasazi und den heutigen Indianer-Völkern der → Navajo, → Hopi, Paiute und Havasupai. Daher ist die Bedeutung der von ihnen hinterlassenen Felszeichnungen (Petroglyphs, Newspaper Rocks) nicht entschlüsselt, es ist auch nicht bekannt, warum die Anasazi anscheinend sehr schnell ihre damaligen → Pueblos (cliff dwellings, Klippenhäuser) verlassen haben und warum sie diese an so schwer zugänglichen Orten gebaut hatten.

Eines aber gilt als gesichert: Sie waren äußerst friedfertig und betrachteten die Natur als unverletzliches Heiligtum. Sie lebten in Harmonie mit der Erde, empfanden sich als Teil von ihr. Privater Landbesitz war ihnen unbekannt.

Anreise. Der schnellste Weg zu den Naturwundern des → Colorado-Plateaus und seiner Umgebung ist ein Flug nach Las Vegas, Nevada, oder auch nach Salt Lake City, Utah. Von beiden Städten sind es etwa vier bis fünf Autostunden bis ins Herz dieses Gebietes. Soll die Reise mit dem → Death Valley beginnen, ist Las Vegas oder auch Los Angeles der ideale Anflugort. Von Los Angeles nach Las Vegas sind es 440 Autobahnkilometer, also etwa viereinhalb Fahrstunden. Los Angeles hat den Vorteil, daß es dorthin ab Frankfurt Nonstop-Flüge gibt (Flugzeit etwa elf Stunden), was für Las Vegas und Salt Lake City bisher nicht der Fall ist. Wer zu diesen beiden Städten fliegen will, muß umsteigen. Das Gepäck muß im ersten Ankunfts-Flughafen der USA entzollt und neu aufgegeben werden, eine wegen der langwierigen amerikanischen Paß- und Zollformalitäten recht zeitraubende und nervenaufreibende Angelegenheit. Die Einfuhr landwirtschaftlicher Produkte ist verboten.

Antelope Canyon, Arizona. Unter den wenigen bekannten → Slickrock Canyons der bekannteste, ein Traumziel für Photographen. Er mündet in drei Stufen auf einer Länge von etwa acht Kilometern in den → Lake Powell. Zwischen diesen in den Sandstein eingeschnittenen Stufen fließt nach Regenfällen vorübergehend der Antelope Creek, der den Canyon schuf, auf offenem Gelände. Der Ausgang der mittleren, nur etwa 150 Meter langen Stufe liegt direkt unter einer Brücke des Highway 98 von Page nach Kaibito, etwa zehn Autominuten von → Page entfernt, kurz vor dem Navajo Power Plant. Man kann dort einfach hineingehen. Um zum oberen Teil zu kommen (auch Corkscrew Canyon – Korkenzieher-Canyon – genannt), ist eine Wanderung von etwa drei Kilometern notwendig. Die Hälfte dieser Strecke kann man auf einer Sandpiste auch fahren. Der untere Teil beginnt nur 500 Meter entfernt vom Ausgang des mittleren Teils. Obwohl der dort sichtbare Einschnitt viel zu eng erscheint, kann man sich hineinzwängen und mit Seilsicherung und Leitern die ersten Stufen überwinden. Der Canyon liegt innerhalb der bis zum Lake Powell reichenden → Navajo Indian Reservation. Für das Betreten des Canyon-Bereichs ist die Erlaubnis der Navajo-Verwaltung erforderlich, gegen Bezahlung von fünf Dollar erhält man im LeChee Chapter House bei → Page (Tel. 6 02-6 98-3273) ein Permit.

Arch bedeutet (Stein-)Bogen. Im Gegensatz zu den «Bridges» (Brücken), die durch die Erosionskraft des Wassers entstanden, sind Arches von Wind und Verwitterung geformt.

Arches National Park, Utah (gegründet 1929, 335 km², 1200 –1800 m hoch), zehn Autominuten von → Moab entfernt, ist einer der kleineren Parks auf dem → Colorado-Plateau. Er besitzt über 200 Steinbögen und damit die größte Konzentration dieser Naturwunder auf der Erde. Die Arches haben Spannweiten zwischen einem Meter und 89 Metern. Der am weitesten gespannte Steinbogen, der Landscape Arch (89 Meter), ist bereits so schlank, daß er einsturzgefährdet ist. Der Delicate Arch gilt als der schönste Steinbogen der Welt. Er ist auf steil aufsteigendem Fußweg in etwa einer halben Stunde vom nächstgelegenen Parkplatz aus zu erreichen. Besucher, die weniger gut zu Fuß sind, haben einen schönen Blick vom Delicate Arch View Point.

Der Park ist durch asphaltierte Straßen erschlossen, die zu Punkten mit verheißungsvollen Namen wie Courthouse Towers, Park Avenue, Garden of Eden, Windows Section, Fiery Furnace, Devil's Garden und Balanced Rock führen. Fiery Furnace ist ein unübersichtliches Labyrinth von Felsrippen und Türmen. Ein Schild am Eingang warnt eindringlich davor, es ohne einen Parkranger als Führer zu besuchen: «Wir haben hier ein Problem. Die Leute gehen hinein und verlaufen sich rettungslos. Daher haben wir am eigentlichen Eingang ein Tor gebaut. Aber jetzt verlaufen sich die Leute bereits, ehe sie das Tor gefunden haben. Warten Sie also bitte hier auf die nächste Führung.» Eine nicht asphaltierte Straße führt in die Klondike Bluffs, eine Ansammlung von Sandsteinrippen.

Geologisch interessant ist die deutlich sichtbare Grenze zwischen dem 140 Millionen Jah-

Die dreißig Meter hohen Havasu Falls im Havasu Canyon des Grand Canyon National Park.

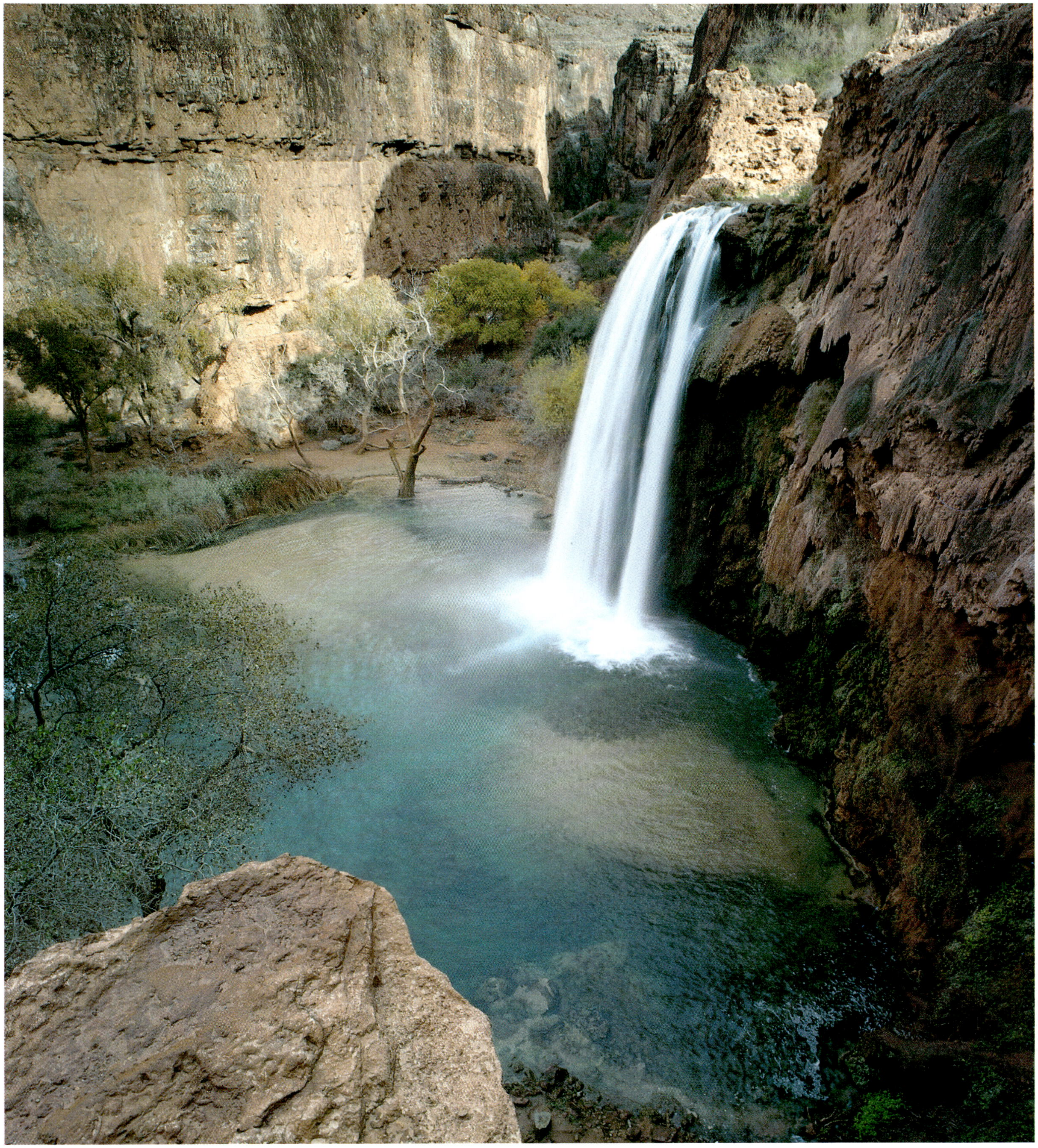

Grünender Ocotillo-Strauch, eine besonders zähe Wüstenpflanze, im Anza Borrego Desert State Park.

re alten roten Entrada-Sandstein, in dem die Steinbögen entstanden, und dem darunter liegenden weißen Navajo-Sandstein, der über 150 Millionen Jahre alt ist.

Arizona. Südwestlicher Gebirgsstaat der USA, auch «The Grand Canyon State» genannt, grenzt an New Mexico, Kalifornien, →Utah und Mexiko. Mit einer Fläche von 295000 Quadratkilometern ist Arizona um ein Fünftel größer als die BRD. Seit 1912 (48.) Bundesstaat der USA. Bevölkerung heute etwa drei Millionen, mit steilem Zuwachs, da Arizona im sogenannten Sun-Belt (Sonnengürtel) der USA liegt. Die Hauptstadt Arizonas ist Phoenix. Im Nordosten gehören zwei Fünftel der Fläche Arizonas zum → Colorado-Plateau mit den weltberühmten Nationalparks → Grand Canyon und → Petrified Forest. Weitere touristische Attraktionen sind die Kakteenparks Saguaro National Monument bei Tucson und Organ Pipe Cactus National Monument im Süden des Bundesstaats an der Grenze zu Mexiko. Das Klima Arizonas ist größtenteils wüstenhaft, das heißt semiarid bis arid. Im Sommer ist es also heiß (bis 45°C) und – abgesehen von kurzen Gewittern – trocken mit über 200 wolkenlosen Tagen im Jahr.

Aztec Ruins National Monument, New Mexico (gegründet 1923, 0,1 km²), östlich von Farmington. Alte → Pueblos mit «Kiva», einer unterirdischen Andachtsstätte.

Badlands (Ödland). Sammelbegriff für landwirtschaftlich nicht nutzbares Land. Alle National Parks, National Monuments und State Parks des → Colorado-Plateaus sind Badlands. Besonders augenfällig ist die mangelnde wirtschaftliche Nutzbarkeit und der zugleich hohe ästhetische Reiz der Badlands im → Bryce Canyon, im → Petrified Forest sowie im → Canyonlands National Park. Außerhalb der Parks beeindrucken → Painted Desert und die Badlands bei → Caineville nahe dem → Capitol Reef National Park.

Bluff (blaff), engl., schroffes Vorgebirge.

Bristlecone Pines (Grannenkiefern, auch Borstenkiefern oder Borstenzapfenkiefern, Pinus longaeva) leben ausschließlich in trockenen Höhenlagen Nordamerikas, wie am Mount Hamilton in Nevada und im 3000 Meter über NN gelegenen Ancient Bristlecone Pine Forest, einem Teil des Inyo National Forest in den White Mountains nahe Bishop, Kalifornien. Zufahrt über Highway 168, der in Big Pine südlich Bishop vom Highway 395 nach Osten abzweigt. Die Bristlecone Pines können ein Lebensalter von über 4600 Jahren erreichen. Solche Bäume sind die ältesten Lebewesen der Erde, sie haben bereits gelebt, als die Pyramiden noch im Bau waren. Der älteste

Agaven in den Coral Pink Sand Dunes, einer kleinen Sandwüste nicht weit vom Zion National Park.

im Bristlecone Pine Forest gefundene Baum wird Methuselah (Methusalem) genannt; durch eine Sondenbohrung wurde sein Alter anhand der Jahresringe mit 4690 Jahren bestimmt.

Bryce Canyon National Park, Utah (gegründet 1928, 145 km², 2400–2750 m hoch), ist entgegen seinem Namen kein Canyon, sondern eine Versammlung Tausender von roten und weißen Steinsäulen (→ Hoodoos) in einem riesigen Amphitheater.
Die Paiute-Indianer nannten diesen Platz sehr treffend Unkatimpe-wa-wince-pock-ich (rote Steine, die wie Menschen in einer Schale stehen).
Der heutige Name Bryce Canyon geht auf das Mormonenpaar Bryce zurück, das versuchte, dort zu siedeln, und von dem folgende ebenso treffende Beschreibung des Ortes überliefert ist: «a hell of a place to lose a cow».

Heute sehen wir den Bryce Canyon als ein Naturwunder ohnegleichen. Die schönsten Aussichtspunkte – Sunrise Point, Sunset Point, Inspiration Point – sind mühelos mit dem Auto zu erreichen. Am nahegelegenen Ruby's Inn werden auch Hubschrauberflüge angeboten. Sehr empfehlenswert sind Wanderungen zu den Füßen der → Hoodoos, vor allem auf Queen's Garden Trail, Navajo und Peekaboo Loop Trail. Geologisch ist der Bryce Canyon der höchste Punkt der «Großen Treppe» (Grand Stairway), einer Abfolge von Gesteinsschichten, die die Nationalparks Bryce Canyon, → Zion und → Grand Canyon miteinander verbindet. Die im Bryce Canyon zutageliegende mächtige Schicht der «Pink Cliffs» ist mit einem Alter von 50 bis 60 Millionen Jahren die jüngste der Treppe.

Burr Trail. Nicht asphaltierte, teilweise sehr rauhe, aber (außer nach starkem Regen) mit normalen Autos befahrbare Straße zwischen Boulder und Torrey, → Utah, am → Capitol Reef National Park durch einsame grandiose Landschaft → Colorado-Plateau pur!

Butte (b'jut), engl., einzeln stehender steilwandiger Berg, Stumpf.

Caineville Badlands, Utah. Inoffizielle Bezeichnung für besonders bizarre und trostlose → Badlands zwischen → Capitol Reef National Park und Hanksville, Utah. Eindrucksvolle erodierte Berge in graublauen und rötlichen Farben. Die offizielle Bezeichnung ist Upper Blue Hills.

Canyon de Chelly National Monument, Arizona (gegründet 1931, 393 km²), bei Chinle innerhalb der → Navajo Indian Reservation gelegen. (De Chelly wird «d'schei» ausgesprochen.) Zum Canyon de Chelly National Monument gehören drei etwa 300 Meter tiefe miteinander verzweigte Schluchten: Canyon

Eine der 136 Agavenarten Nordamerikas: Die Desert Agave, hier im Anza Borrego Desert State Park.

del Muerto, Black Rock Canyon und Canyon de Chelly mit dem beim Spider Rock abzweigenden → Monument Canyon. Der Boden des Canyon wird im Sommer von → Navajo-Indianern bestellt. Den Nord- und Südrand des Canyon kann man mit dem eigenen Auto befahren. Viele wunderbare Blicke in den Canyon, der Ruhe und Frieden ausstrahlt.

Auch sind zahlreiche Ruinen von Cliff Dwellings (Klippenhäusern) aus präkolumbianischer Zeit zu sehen, außerdem viele Felszeichnungen sowie schöne Muster von → Wüstenlack. Am Ende der Straße entlang dem Südrand des Canyon Aussicht auf den Spider Rock (Spinnenfelsen), mit seiner Höhe von 245 Metern ein Weltwunder der Natur. Den Talboden darf man mit dem eigenen Auto nicht befahren, auch nicht begehen, aber eine von den → Navajo gut organisierte Fahrt auf offenem All-Achs-getriebenem Lastwagen sollte man sich keinesfalls entgehen lassen. Dabei ist auch viel über die Geschichte der → Navajo und des Canyon zu hören.

Canyonlands National Park, Utah (1366 km², 1200–1900 m hoch), erst 1964 in den Adelsstand eines Nationalparks erhobene riesige Steinwüste.

Der Park ist bisher wenig erschlossen. Die meisten Jeepwege, die es gibt, wurden von Schürfern zu früheren Zeiten angelegt. Er wird vom → Colorado und vom Green River, die sich im Park bei Confluence vereinigen, in drei Teile zerschnitten, die man nur jeweils «von außen» erreichen kann: von Island in the Sky, Needles und Maze.

Am besten erschlossen ist der nordöstliche Teil Island in the Sky (Insel im Himmel). Von der Straße Moab-Green River führen asphaltierte Straßen bis zum Grand View Point Overlook und zum Green River Overlook mit faszinierenden Ausblicken auf Monument Basin, Green River und → Colorado (früher Grand River). Jeepfahrern ermöglicht der → White Rim Trail weitere grandiose Blicke. Die Abzweigung 211 vom Highway 191 zwischen Moab und Monticello führt als asphaltierte Straße in den Needles District zum Fuß des Elephant Hill.

Von dort aus geht es nur noch zu Fuß oder mit dem Jeep weiter. Der Elephant Hill verlangt allerdings höchste Fahrkunst. Ein besonderer Höhepunkt im Needles District ist der Angel Arch.

Am abgelegensten und am wenigsten besucht ist der Maze District (Maze = Irrgarten), ein 80 Quadratkilometer großes «Sandsteinpuzzle» mit dem Land of Standing Rocks und vielen Spuren der → Anasazi.

Die Anfahrt kann vom Highway 24 zwischen Hanksville und Interstate 15 zur Ranger Stations Han's Flat erfolgen. Weiter dann nur zu Fuß oder mit Geländewagen. Auf dem Weg zu Han's Flat kann man Robber's Roost besuchen, eine der Stellen, die dem legendären Räuber Butch Cassidy als Versteck dienten.

Stachelige Vielfalt der Kakteenarten: Jumping Cholla (rechts) und California Barrel (links).

Capitol Reef National Park, Utah (gegründet 1937, 1029 km², 1600–2600 m hoch), liegt etwas abseits von größeren Städten. Daß der Park deshalb weniger besucht wird als andere ist nur von Vorteil!
Der Park umschließt die unter Geologen wegen ihrer Länge berühmte 160 Kilometer lange «Waterpocket Fold» (Auffaltung) und zeichnet sich durch besonders interessante Steinstrukturen aus.
«Selfguiding»-Rundtour auf einer Schotterstraße, die den Besucher zu vielen sehenswerten Punkten führt.
Besonders eindrucksvoll ist Capitol Gorge am Ende des «Scenic Drive». Die unbefestigte Straße dorthin führt durch eine beklemmend enge Schlucht.
Der durch den Park fließende Fremont River ermöglichte Viehzucht und Obstanbau. Früher wurden im heutigen Park auch kleinere Uranminen betrieben.

Castle Valley, Utah. Landwirtschaftlich intensiv genutztes Tal in der Nähe von → Moab, das von roten Sandsteinburgen gesäumt ist.

Cathedral Valley, Utah. Nördlicher Abschnitt des → Capitol Reef National Park, nur mit Fahrzeugen mit erhöhter Bodenfreiheit zu erreichen. Die Ranger im Visitor Center des Capitol Reef raten von Fahrten dorthin ab (vor allem mit nur einem Auto), da der Weg nach heftigen Regenfällen in den letzten Jahren stark ausgewaschen ist.

Cedar Breaks National Monument, Utah (gegründet 1933, 25 km²). Ein steil abfallendes Amphitheater mit → Siltrock-Säulen, die denen des → Bryce Canyon sehr ähnlich sind. Die Oberkante des Abbruchs liegt mit 3000 Metern über NN noch höher als die des Bryce Canyon. Von Cedar City auf Straße Utah 14 etwa 45 Autominuten. In dieser Höhe kann man mit einem schlecht eingestellten Auto schon Probleme bekommen.

Chaco Canyon National Monument, New Mexico (gegründet 1907, 87 km²), von den → Navajo «Tse Koh» (Felsenschlucht) genannt, nur über eine etwa 60 Kilometer lange Schotterstraße zu erreichen und demzufolge wenig besucht. Zahlreiche Ruinen der früheren indianischen Besiedlung, auch mehrstöckige Häuser.

Colorado National Monument, Colorado (gegründet 1911, 73 km²), in der Nähe von Grand Junction. Bis zu 450 Meter hohe Klippen und Türme über dem → Colorado-Tal. Teil des Uncompahgre-Plateaus.

Colorado-Plateau, siehe oben, Seite 118 ff.

Colorado River. Der Fluß entspringt in den Colorado Rockies im Rocky Mountains Na-

UTAH
Bryce Canyon National Park

KALIFORNIEN
Death Valley National Monument
Mono Lake

NEVADA
Valley of Fire State Park

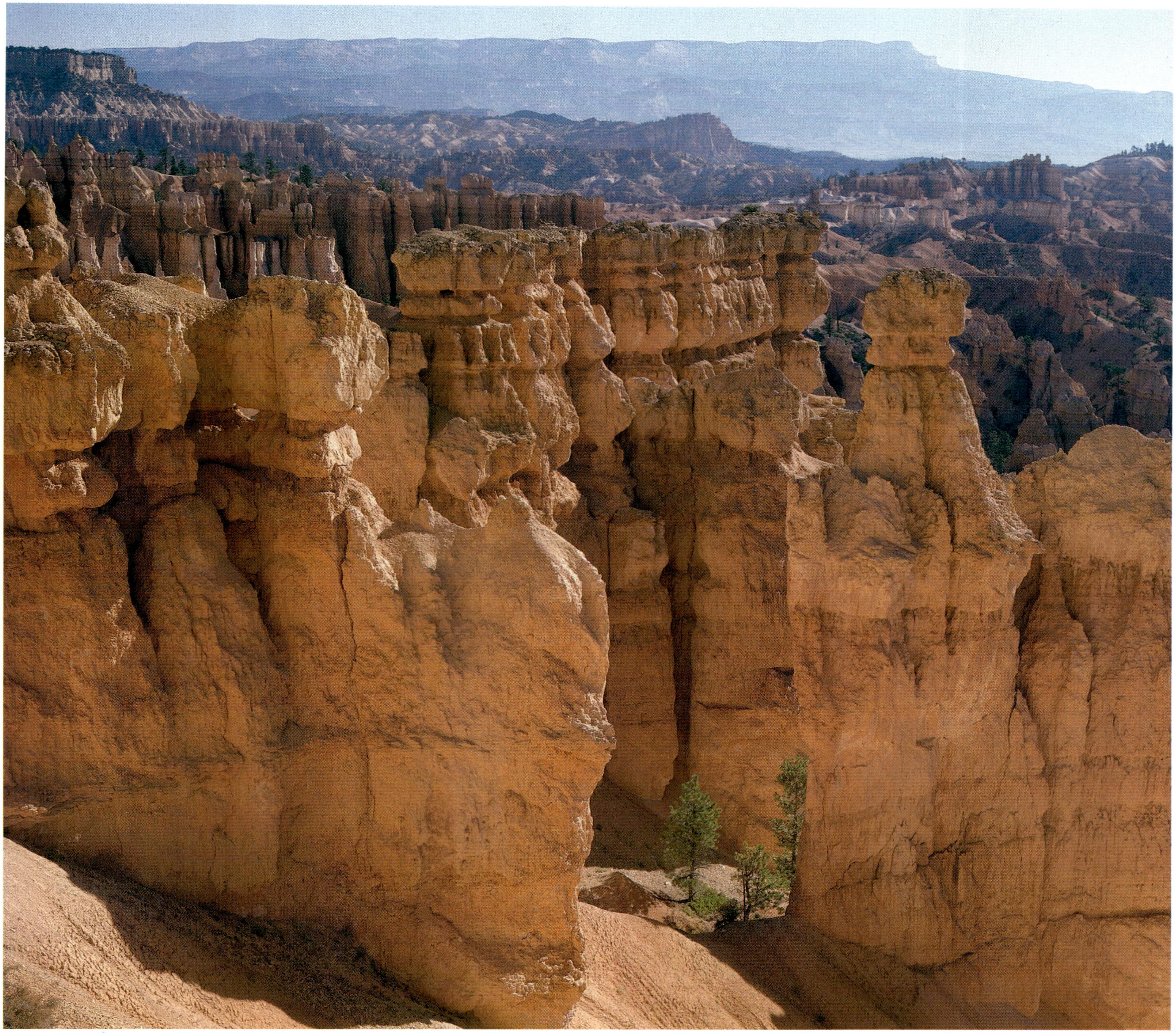

◁ **SUNSET POINT** Wie ein versteinerter Wald wirken die Steinsäulen des Bryce Canyon National Park. Das Relief des aufgeplatzten, rissigen, wüsten Gesteins wird verstärkt und konturiert durch die unterschiedlichsten Farben, welche die Sonnenstrahlen auf die Felsen zaubern.

SILENT CITY

Die Gegensätze der Landschaften des Colorado-Plateaus überwältigen einen immer wieder. An dem einen Tag die Hochebene des Kaibab-Plateaus mit ihrer an die Ewigkeit gemahnenden Ruhe – und dann plötzlich diese atemberaubende schweigende Stadt im Bryce Canyon.

BRYCE CANYON

Die Säulen des Bryce Canyon am Sunset Point ähneln einer gigantischen Skulpturengruppe. Die Indianer nannten sie «Rote Steine, die wie Menschen in einer Schale stehen». Regen, Schnee, Frost und Wind verwandelten den Rand des Paunsaugunt-Plateaus im Süden von Utah in eine Märchenlandschaft aus Kalk und Sandstein.

BRYCE CANYON

Ein Meer aus bizarren Felssäulen und dünnen Steinnadeln – im Wechsel des Lichts in immer neue, geradezu unwirklich leuchtende Farben getaucht: Eine Wanderung durch das einzigartige Kalksteinlabyrinth des Bryce Canyon National Park in Utah sollte man sich nicht entgehen lassen. Die Aufnahme entstand am Peekaboo Trail.

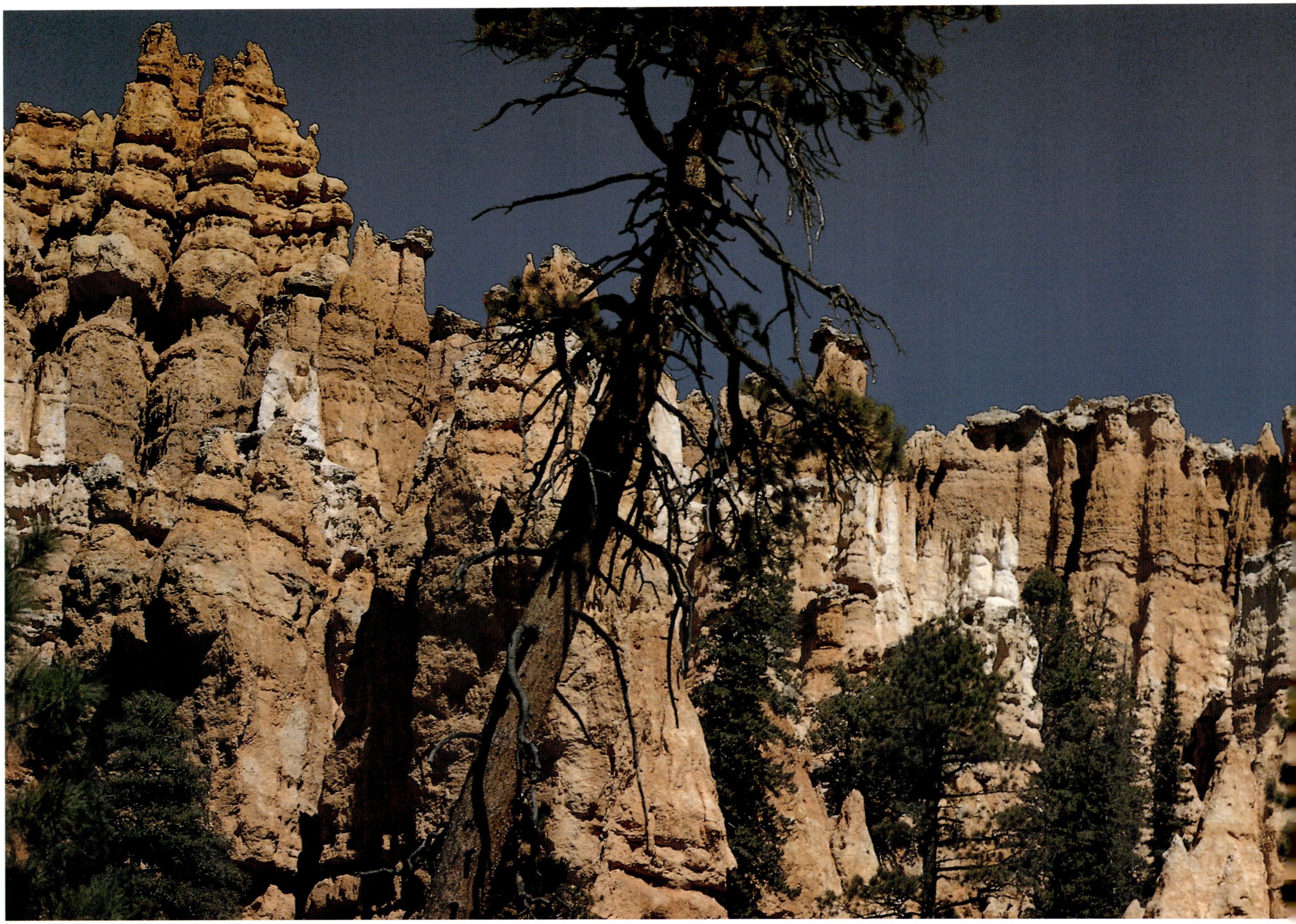

SUNSET POINT

Hat ein Zuckerbäcker da seinen Meister gemacht? Nein, der Bryce Canyon – hier vom Navajo Loop Trail aus gesehen – entstand nicht als Folge von Flußerosion, sondern durch fortgesetzten Abbruch des weichen Gesteins von den Plateaurändern. Und doch sehen die Kegel und Säulen aus, als seien sie mit Marzipan gefüllt.

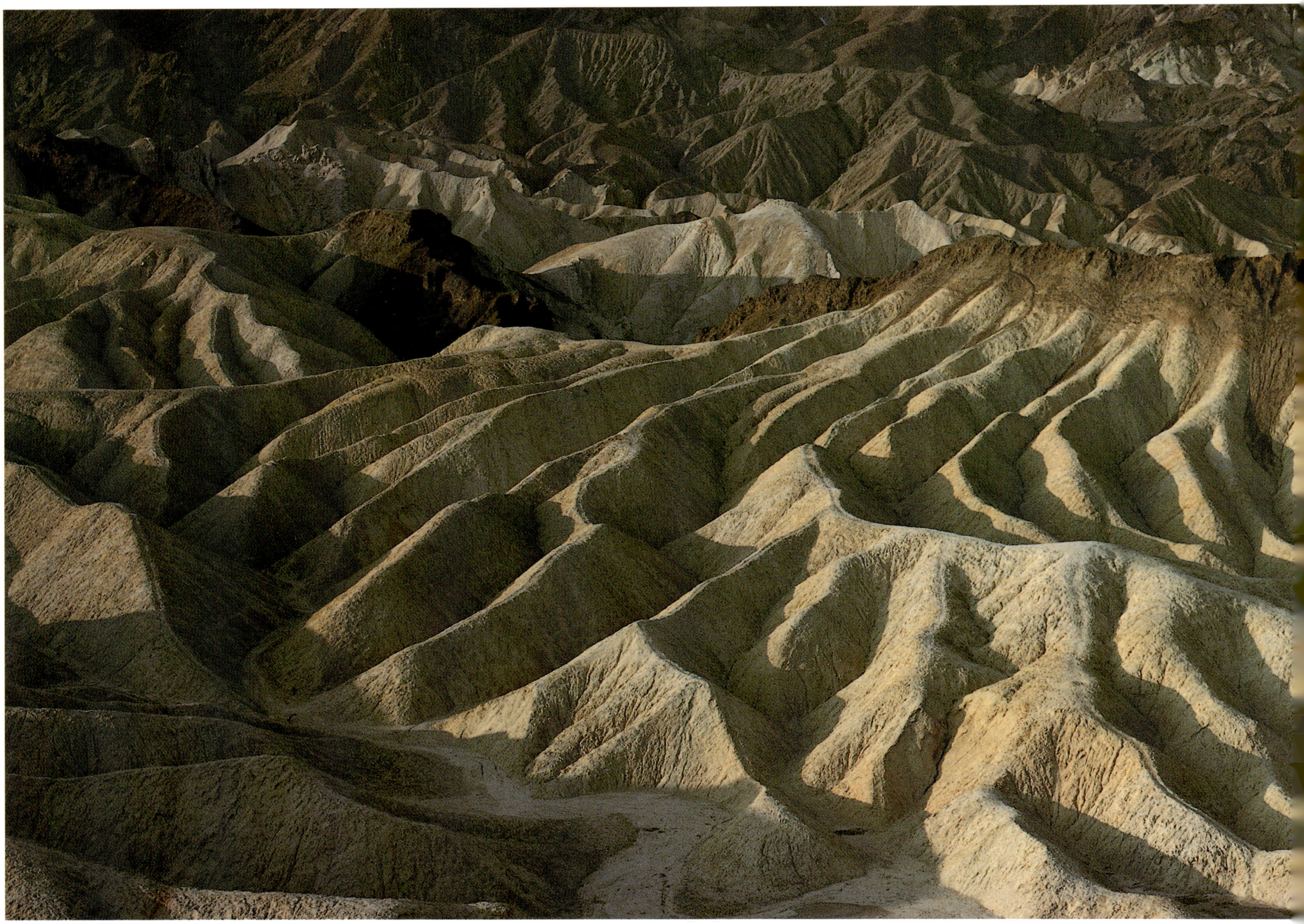

GOLDEN CANYON

Kein Fleckchen Grün auf dem kargen Boden, kein Lüftchen zwischen dem unbarmherzigen Himmel und der erstarrten Erde – das Tal des Todes, zu dem der Golden Canyon gehört, kennt nur Hitze, Salz und Dürre: Es kann, so pittoresk es bei einem flüchtigen Besuch ist, eine Hölle auf Erden sein.

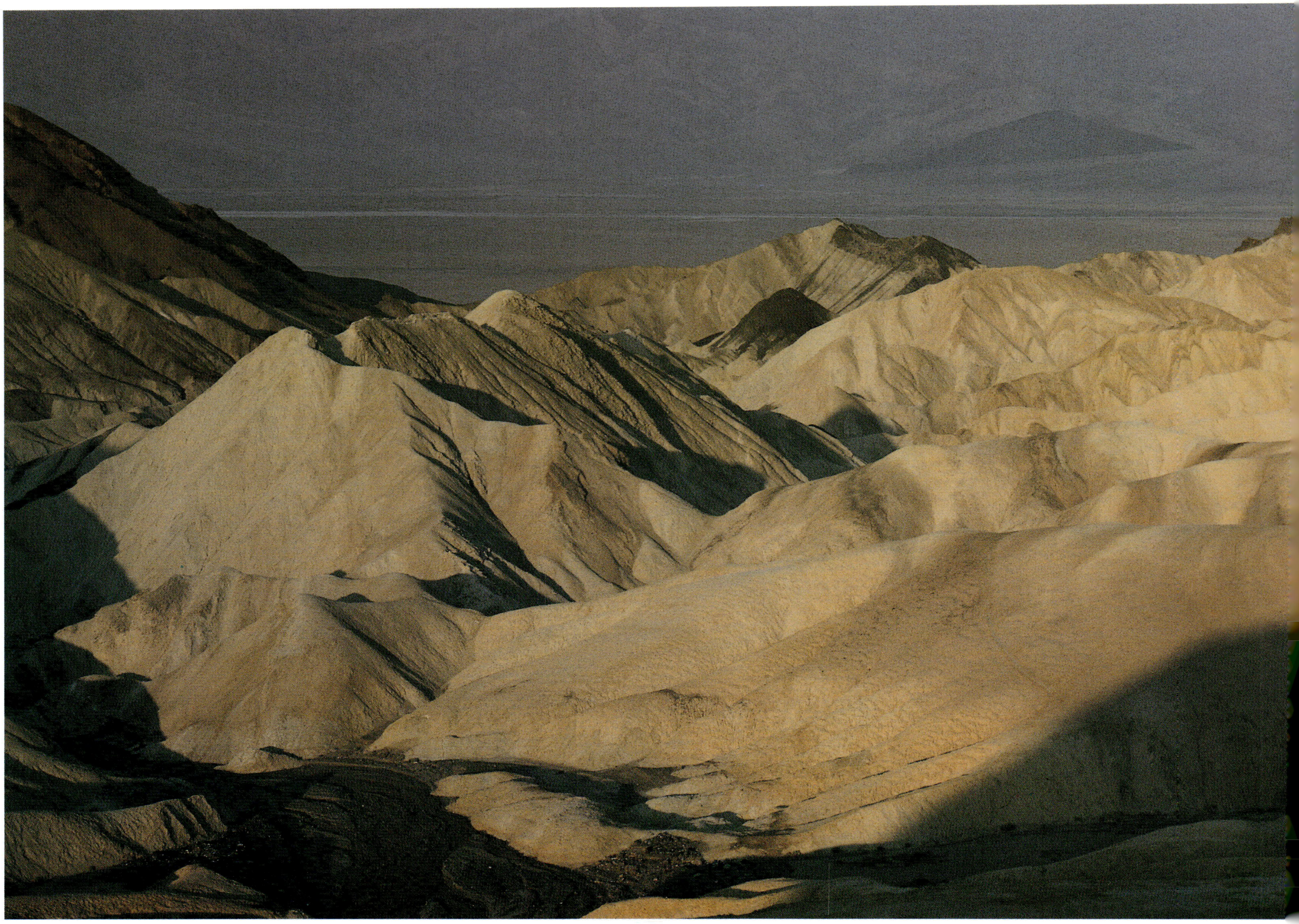

DEATH VALLEY

Vor nicht allzulanger Zeit stieß ein Mann namens Scott im Death Valley auf ein fast verdurstetes Ehepaar. Das Wasser, das er dabei hatte, reichte nicht für drei.

Er ersparte den beiden einen qualvollen Tod und erschoß sie. Seitdem gilt Scott als Held des Death Valley.

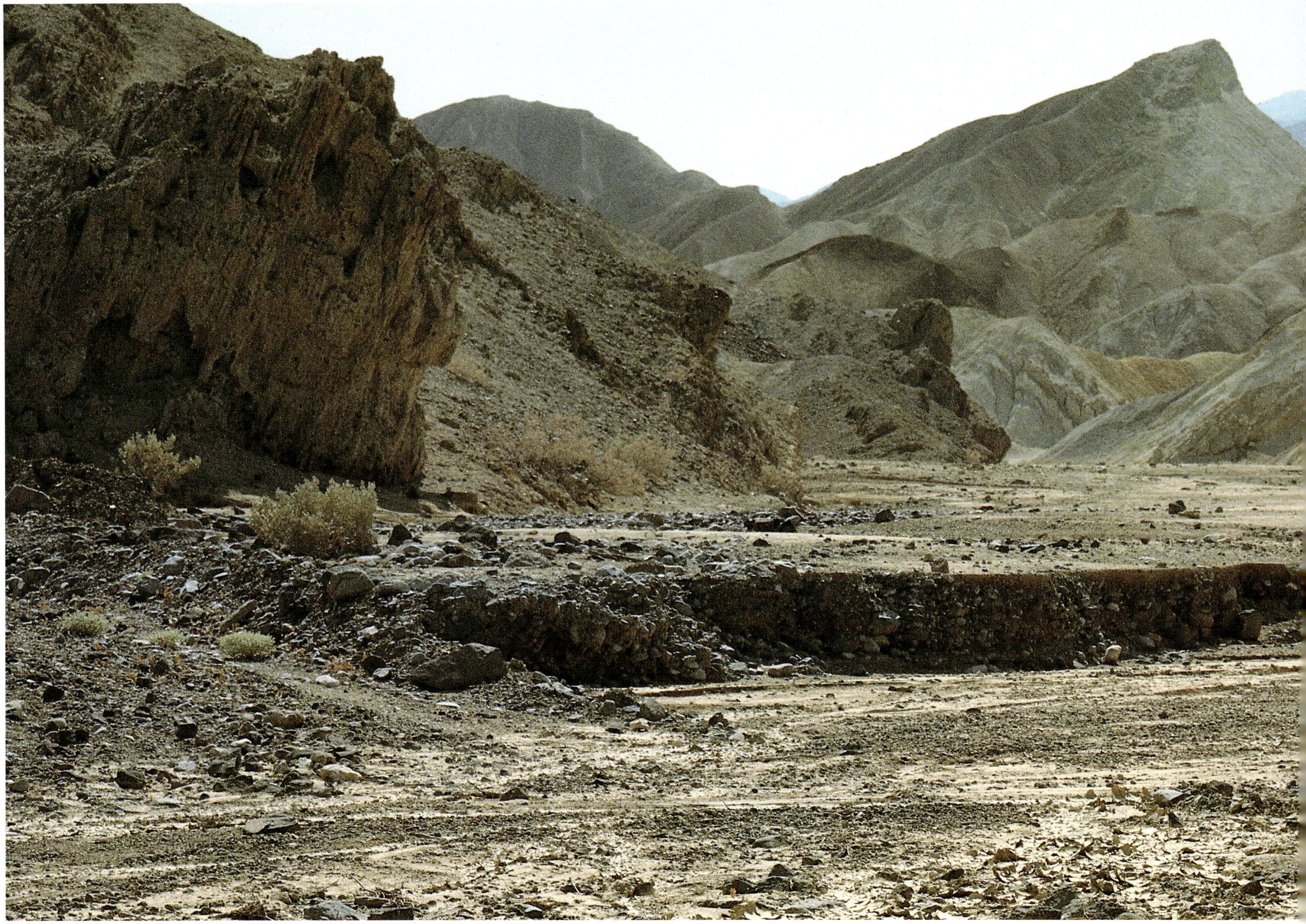

TWENTY MULE TEAM CANYON

Viele Abenteurer wählten auf ihrer Reise nach Kalifornien den Weg durch das Tal des Todes; viele kamen in dieser Salzwüste um, wo es an Wasser mangelt und die Hitze unerträglich ist. Auch heute noch ist die Durchquerung abseits der Straße ein Abenteuer auf Leben und Tod.

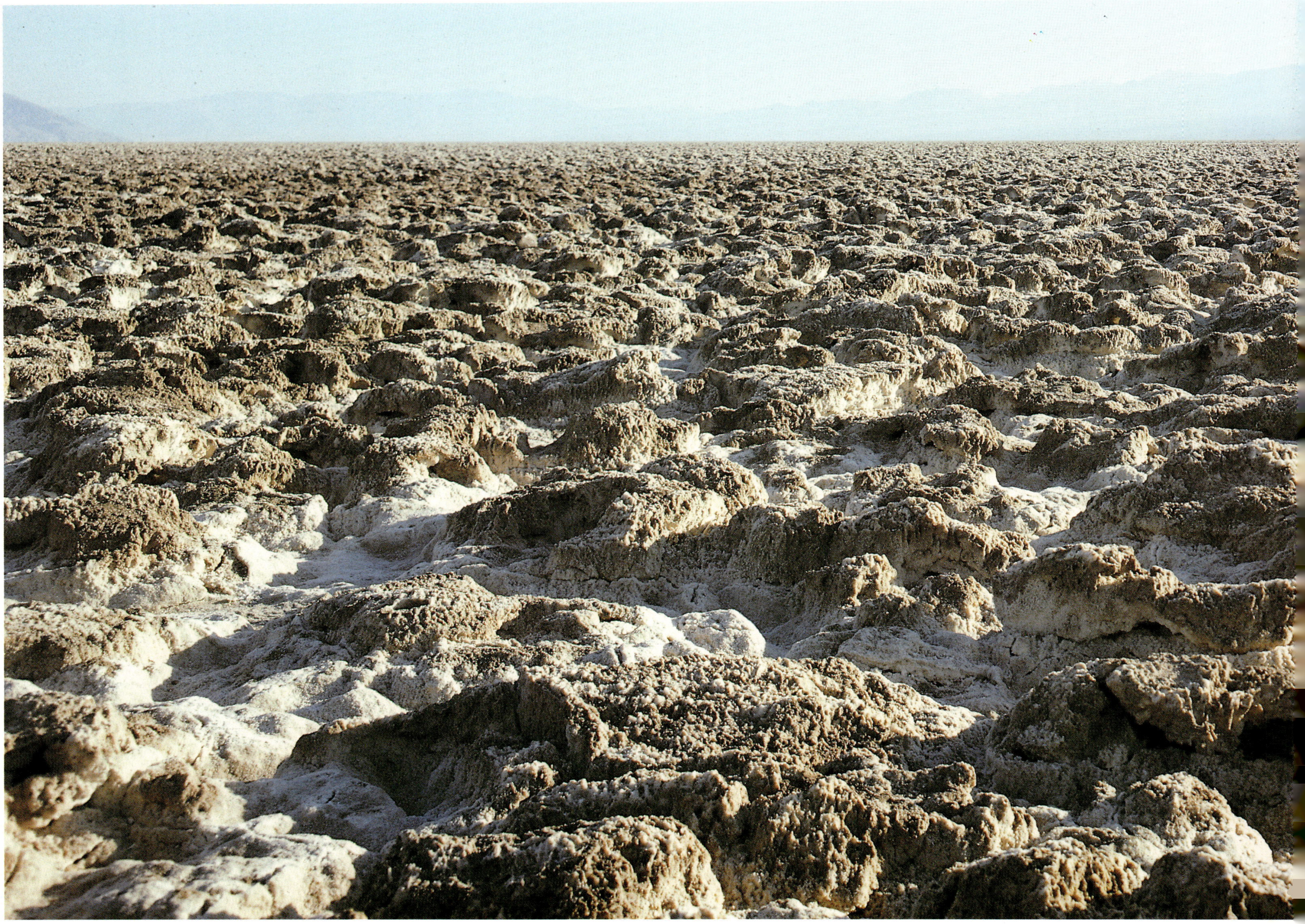

DEVIL'S GOLF COURSE

Diese riesige Talsohle ist ein ehemaliger See, den die Sonne ausgetrunken hat. Die Hitze ist entsetzlich, man fühlt sich wie in einem Schmelzofen, den die ersten Pioniere als Hölle empfunden haben müssen. Ihnen blieb, wenn die wenigen Süßwasserquellen versiegten, nur das Warten auf den Tod.

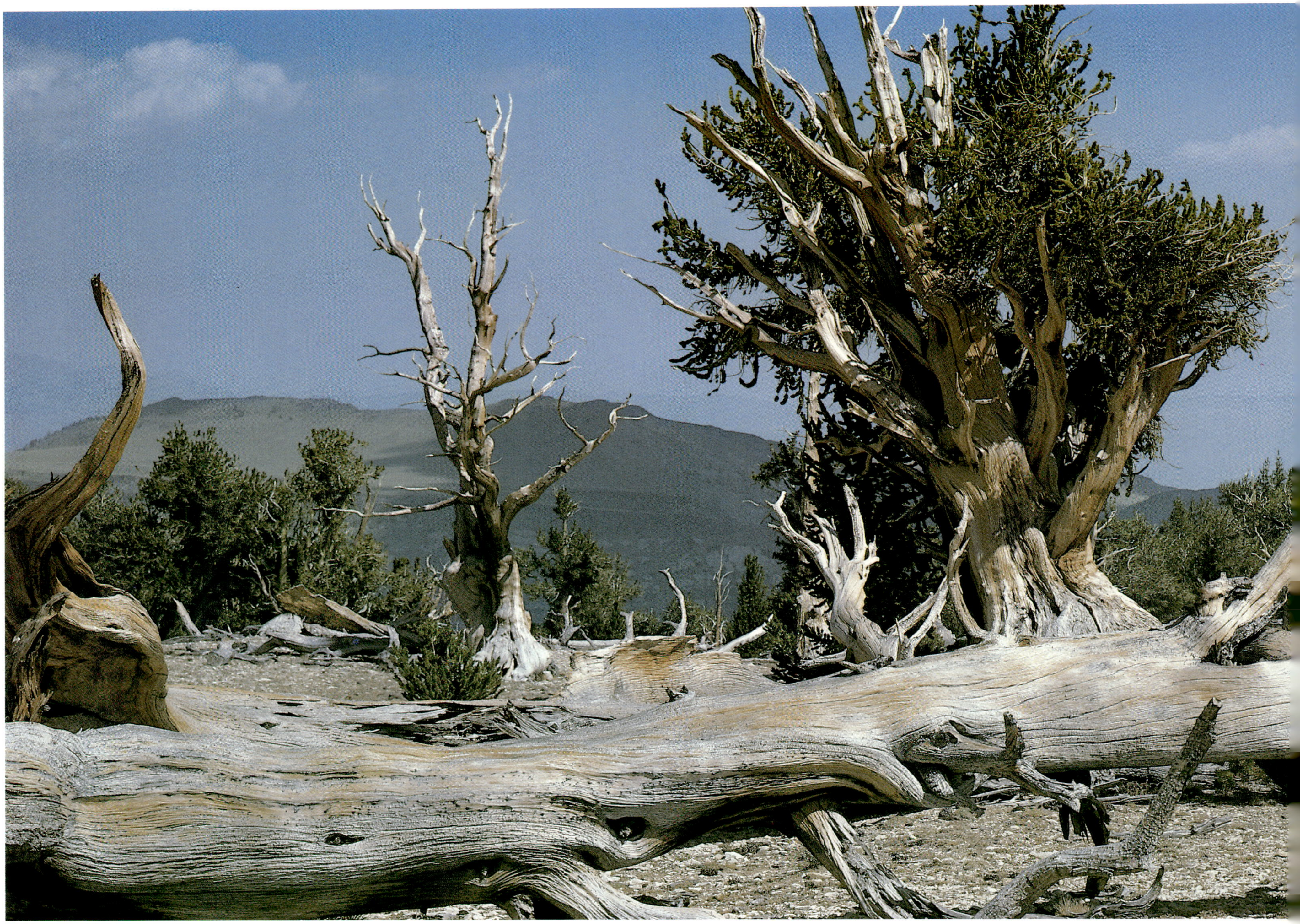

WHITE MOUNTAINS

So wie man Holland durch die Bilder seiner alten Meister sieht, so entdeckt man Kalifornien durch Kinobilder. Und dann plötzlich steht man vor der Wirklichkeit, vor diesen Grannenkiefern in der Heimat der Apachen – und erkennt, wieviel großartiger die Realität doch ist.

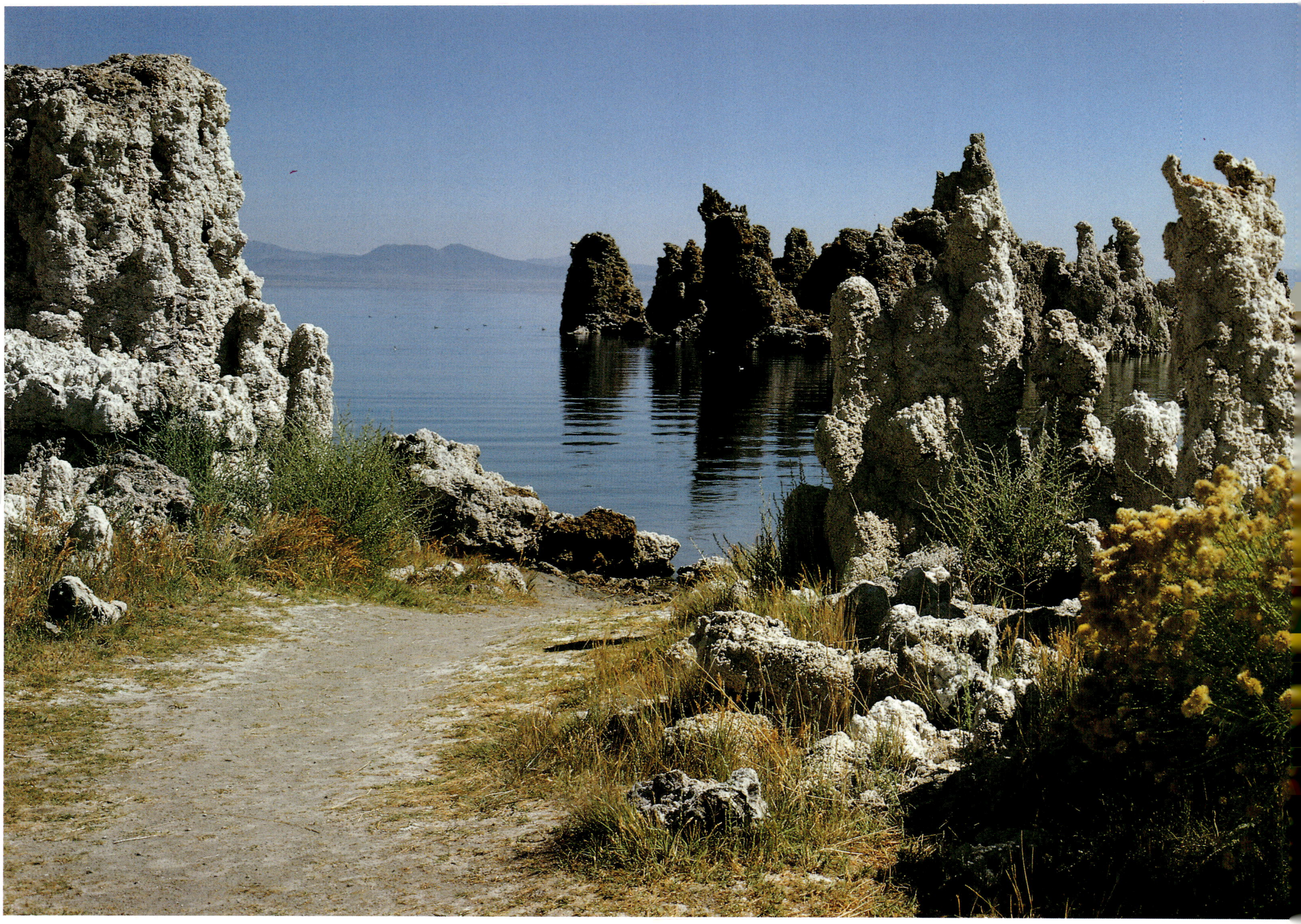

MONO LAKE

Diese bizarr geformten kleinen und großen Säulen scheinen aus dem Wasser zu wachsen. Tatsächlich jedoch sinkt der Spiegel des Sees, seitdem seine Zuflüsse für die Wasserversorgung von Los Angeles ausgebeutet werden – und so steigen die Säulen Stück für Stück aus ihm heraus.

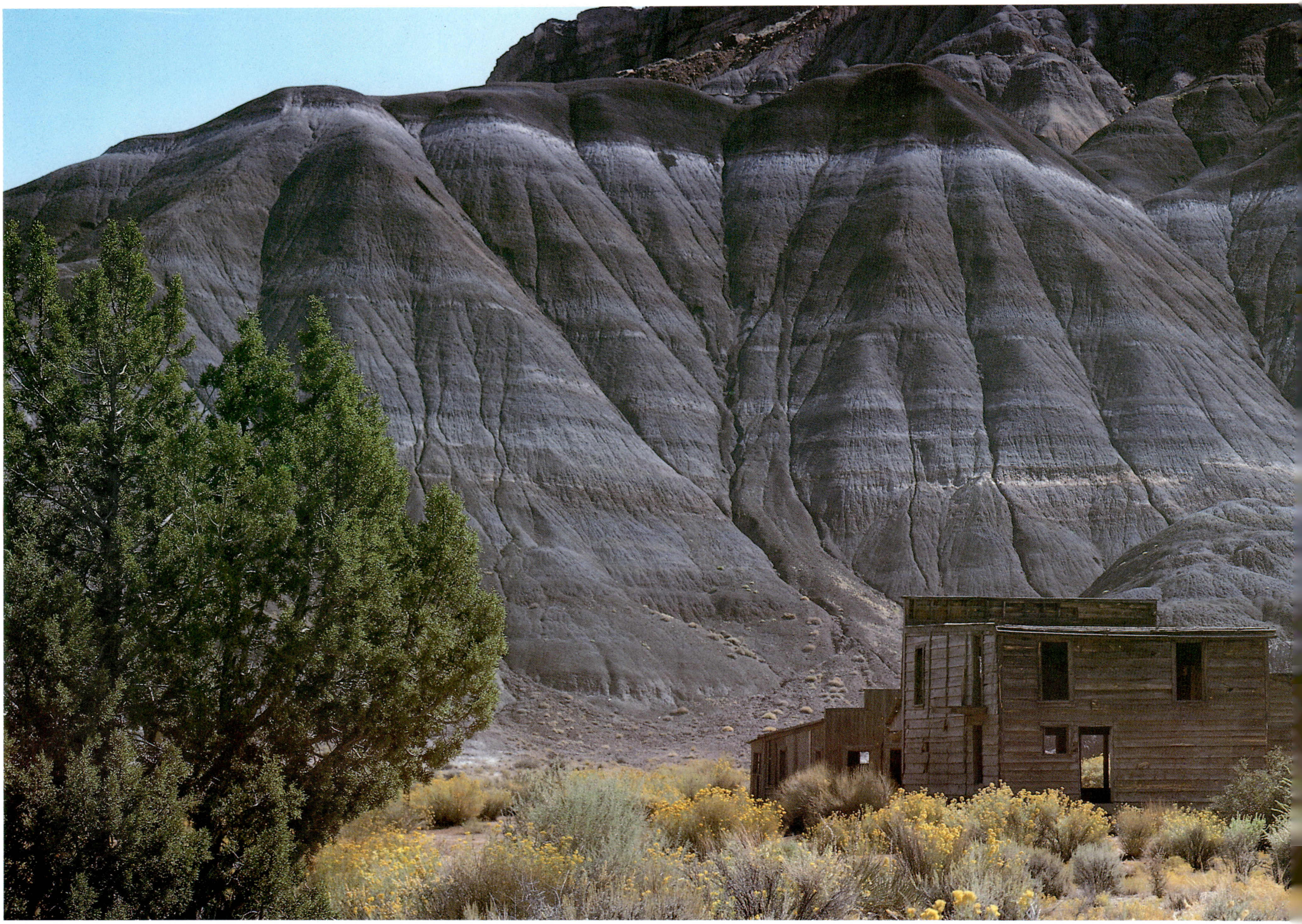

OLD PARIA GHOST TOWN

Schließt man die Augen, stellen sich schon nach wenigen Sekunden die Bilder einer längst vergangenen Zeit ein: Bilder von Cowboys und Indianern, von Büffelherden und galoppierenden Pferden. Und dann steht man vor einem Dorf aus Holzhäusern und ist entzückt, weil man es wiedererkennt.

VALLEY OF FIRE

«Beehives» haben die ersten Pioniere diese Sandsteingebilde im Zentrum des Valley of Fire State Park genannt – und es ist ja auch wirklich beeindruckend, mit welchem Einfallsreichtum die Natur den Bienenkorb nachmodellierte.

BEI ESCALANTE Der Blick über die kargen, zerfurchten Rippen und Grate der sonnendurchglühten Felseinöde läßt an die kaum mehr vorstellbaren Strapazen der ersten Siedlertrecks denken und an die Zeit, in der sie mit klapprigen Planwagen und durstenden Tieren diese Gebiete erkundet, erobert und besiedelt haben.

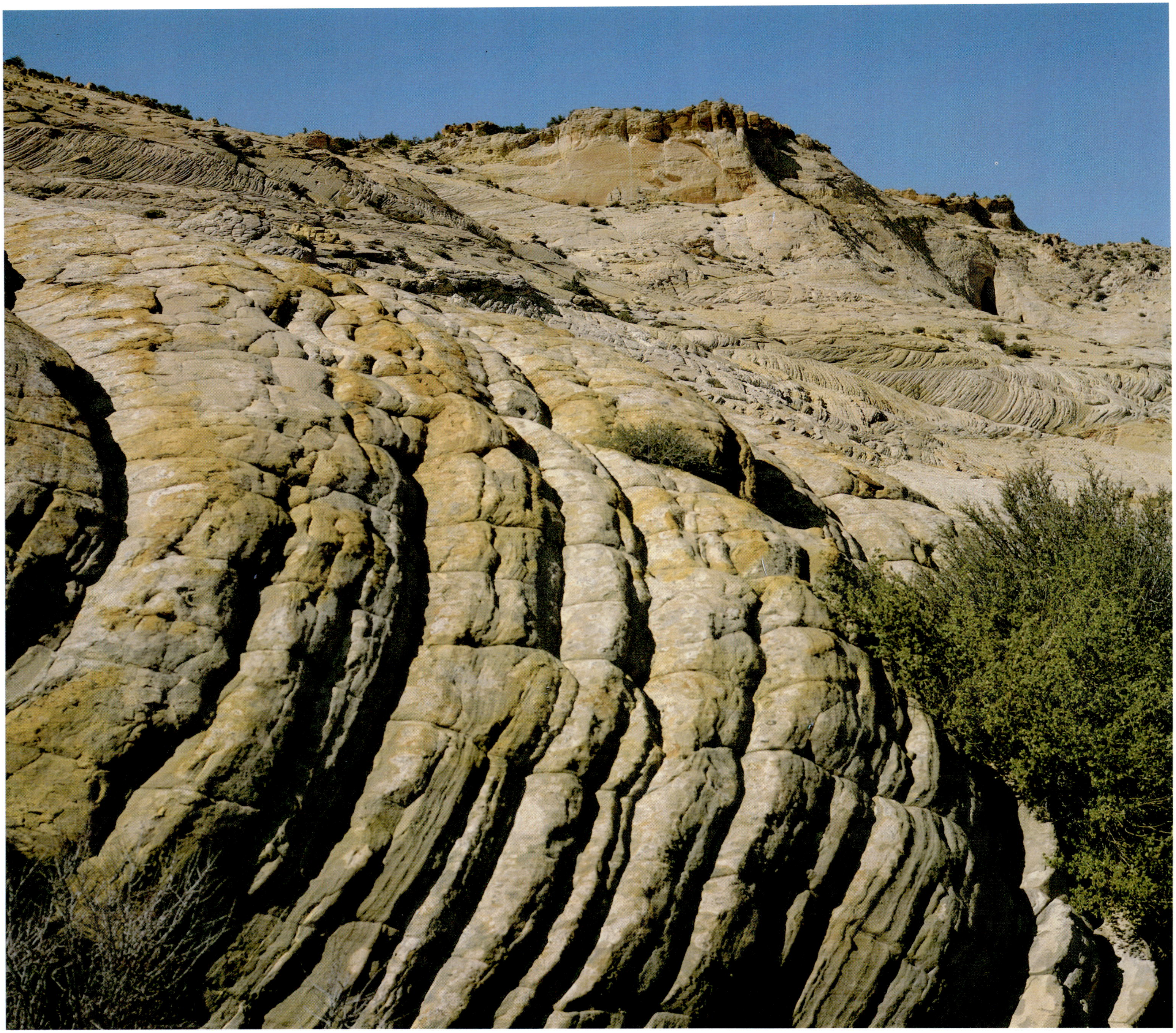

tional Park in 3000 Metern über NN und mündet nach 2335 Flußkilometern in den Golf von Kalifornien. Zusammen mit seinen Nebenflüssen entwässert er ein Gebiet von 632 000 Quadratkilometern, das 2,5fache Westdeutschlands. Er ist der am intensivsten genutzte Fluß unseres Planeten. Zur Bewässerung der Wüste von → Utah, Kalifornien und → Arizona wird er so stark genutzt, daß nur ein schwächliches, stark salziges Rinnsal den Golf erreicht.

Bevor der Hoover- und der Glen-Canyon-Damm gebaut wurden, war der Colorado stellen- und zeitweise ein tobendes Ungeheuer. Seine Geschwindigkeit erreichte an manchen Stellen 20 Stundenkilometer (Durchschnittsgeschwindigkeit heute: 7 km/h) und die Wasserführung bis zu 8 500 000 Liter pro Sekunde! Am 13.09.1927 beförderte er den Spitzenwert von 27 Millionen Tonnen Schlamm in 24 Stunden. Seine durchschnittliche Transportleistung betrug früher im Jahresmittel 390 000 Tonnen täglich, das entspricht 40 000 Lastwagen mit je etwa 10 Tonnen. Nicht eingerechnet ist dabei das auf dem Flußbett bewegte Geröll. Heute bleiben vier Fünftel der vom Colorado transportierten Sedimente im → Lake Powell liegen, also im Schnitt 320 000 Tonnen pro Tag! Mit dieser Ablagerung erfüllt der Lake Powell neben der Stromerzeugung die Funktion, die Lebensdauer des stromabwärts liegenden Lake Mead, der nun nur noch ein Fünftel der früheren Sedimente erhält, zu verlängern. Der Lake Powell dagegen wird in 700 bis 1000 Jahren zugeschwemmt sein.

Besonders beliebt und spätestens ein Jahr vorher immer schon ausgebucht sind mehrtägige Boots- und Floßfahrten auf dem Colorado durch den Grand Canyon. Diese starten bei → Lee's Ferry und enden nach 450 Kilometern Fahrt am Lake Mead.

Coral Pink Sand Dunes State Reserve, Utah. Folgt man der beschilderten Abzweigung vom Highway 89 zwischen Kanab und Rockville, gerät man unvermittelt an überwiegend gelbliche, aber auch rosa gefärbte ausgedehnte Sanddünen. Der Genuß dieses schönen Gebietes mit seiner interessanten Wüstenvegetation wird dadurch getrübt, daß er teilweise für «off-road-vehicles» freigegeben ist. Vor allem dreirädrige Motorräder mit Spezialreifen zerstören die Strukturen der Dünen.

Dangling Rope Marina, Utah, nach der → Wahweap Marina, Arizona, der zweitgrößte Yachthafen und Tankstelle für Boote am → Lake Powell. 24 Boote können gleichzeitig betankt werden. Hier wird täglich mehr Benzin als an der größten Straßentankstelle in → Utah verkauft. Die Marina ist auf dem Landweg nicht erreichbar.

Dead Horse Point State Park, Utah, etwa 50 Kilometer nördlich von → Moab auf asphaltierter Straße mühelos erreichbar. Großartiger Blick auf den → Colorado und die Steinwildnis des → Canyonlands National Park. Viele Besucher finden diesen Blick noch eindrucksvoller als den in den → Grand Canyon. Über die Entstehung des Namens gibt es mehrere Versionen. Am glaubhaftesten ist die, daß dieses nach allen Seiten senkrecht abfallende, nur über einen schmalen Weg mit dem Hochplateau verbundene Riff als Pferdekoppel diente und die Pferde dort einmal vergessen wurden, woraufhin sie verdursten mußten.

Death Valley National Monument, Kalifornien. Mit etwa 7800 Quadratkilometern ein riesiges Schutzgebiet, das geographisch einerseits noch zum → Great Basin im Norden und andererseits bereits zur Mojave- und Sonora-Wüste im Süden gehört. Dieses Gebiet wurde 1933 zum National Monument erklärt. Das Klima im «Tal des Todes» ist extrem arid, die potentielle Verdunstungsrate beträgt das Hundertfache der durchschnittlichen Niederschlagsrate von vier Millimetern im Jahr. 1913 wurden auf dem Talboden 56,7 Grad Celsius gemessen; damit ist das Death Valley einer der heißesten Orte der Welt (der Weltrekord von 57,8 Grad Celsius wurde 1936 in Libyen gemessen). Bei Bad Water, einem salzigen heißen Tümpel, befindet sich der tiefste Punkt der westlichen Hemisphäre: 86 Meter unter dem Meeresspiegel. Aber mit dem Telescope Peak (3359 m) enthält das Schutzgebiet auch einen der höchsten Berge der USA. Das Death Valley ist durch asphaltierte Straßen, Schotterstraßen und Jeeppfade gut erschlossen, die Behörden warnen jedoch vor Besuchen im Sommer. Für gemietete Wohnmobile ist es ganzjährig geschlossen.

Geologisch ist das Death Valley in weiten Teilen der Boden eines ehemaligen Sees, dessen mineralhaltige Ablagerungen in allen Farben leuchten. Früher wurde hier Borax, heute noch wird Pottasche abgebaut. Selbst Gold wurde in den Abhängen des Death Valley gefunden.

Die touristischen Sehenswürdigkeiten sind zahlreich: Zabriskie Point, Dante's View, Devil's Golf Course (meist trockener Salzsee), Artist's Palette, Mustard Canyon, Golden Canyon, Marble Canyon, Mesquite Flat Sand Dunes, Uhebebe Crater, Devil's Corn Field. Weniger bekannt, obwohl auf einer Schotterstraße auch mit normalem PKW erreichbar, ist das Racetrack Valley. Hier findet man einen völlig ebenen ausgetrockneten Schlammsee (Playa), auf dem sich Steinbrocken bewegten und dabei deutliche Spuren hinterließen. Bisher hat noch kein Mensch ei-

Von Wind und Wetter aus dem Fels geschliffen: Der Arch Rock im Joshua Tree National Monument.

nen solchen Brocken in Bewegung gesehen. Die plausibelste Erklärung für dieses Phänomen ist, daß starke Winde die Steine über die nach einem der seltenen Regen schlüpfrige Oberfläche treiben; unverständlich ist aber dennoch, daß die Rutschspuren verschiedener Steine auch gegenläufig sind: ein noch nicht gelöstes Rätsel.

Für einen einigermaßen umfassenden Besuch des Death Valley sollten mindestens drei Tage veranschlagt werden. Bei Furnace Creek, bereits etwa 20 Meter unter NN gelegen, gibt es ein großes komfortables Motel (eine Reservierung ist ratsam), im nahen Visitor Center erhält man kostenlos eine detaillierte Karte.

Furnace Creek ist eine Oase im Death Valley. Hier gedeihen Dattelpalmen, deren vorzügliche Früchte an Ort und Stelle verkauft werden. Unverständlicherweise wird das spärliche Grundwasser auch dazu benutzt, einem kürzlich angelegten 18-Loch-Golfplatz zu frischem Grün zu verhelfen.

Echo Canyon, Utah. Seitencanyon im → Zion National Park. Für den anstrengenden steilen Aufstieg aus dem Zion Canyon entschädigt der Anblick einer engen Schlucht mit fein ziselierten roten Sandsteinwänden, in der es auch im Sommer angenehm kühl ist.

El Capitan (auch Agathla Peak), Utah. Heiliger Berg der → Navajo, von ihnen als der Mittelpunkt der Welt bezeichnet, ein Vulkanstumpf in der Nähe von → Kayenta, ähnlich, aber nicht so hoch wie der → Shiprock.

El Morro National Monument, New Mexico (gegründet 1906, 5 km²). 80 Kilometer südwestlich von Grants steil aufsteigende Klippe mit Zeugnissen indianischer Besiedlung und Inschriften spanischer Entdecker.

Escalante Petrified Forest State Reserve, Utah. Anderthalb Kilometer von Escalante entfernte Fundstelle versteinerter Bäume und Dinosaurier-Fossilien. Der Besuch der Funde erfordert eine halbstündige Wanderung über eine heiße Steinwüste.

Escalante River. Früher einer der Zuflüsse des → Colorado, heute mündet er in den → Lake Powell. Man überquert den Escalante auf dem Utah Highway 12 zwischen den Orten Escalante und Boulder. Das Tal des Escalante ist eine äußerst reizvolle, aber schwer zugängliche Wildnis. Für Wanderungen ist ein Permit der Ranger Station im Ort Escalante erforderlich. Es gab früher Pläne, einen Escalante National Park zu gründen. Dieser Plan wurde durch die Überflutung des unteren Canyonteils durch den Lake Powell zunichte gemacht.

Fauna und Flora. Während die Geologen das → Colorado-Plateau in eine große Zahl viele

An versteinerte Fabelwesen erinnern diese für das Goblin Valley charakteristischen Sandsteinformationen.

Millionen Jahre alte Sedimentsteinschichten unterteilen, kennen die Biologen hier vier vom herrschenden Klima bestimmte Lebensräume, in denen sich charakteristisches Tier- und Pflanzenleben entfaltet hat. Die untere Sonora-Zone reicht an den Nordhängen von 600 Metern bis etwa 1200 Meter über NN, die daran anschließende obere Sonora-Zone bis etwa 1800 Meter Höhe. Darauf folgt die Übergangs- oder Ponderosa-Zone bis etwa 2400 Meter Höhe. Die höchste Lebenszone des Colorado-Plateaus ist die Kanadische, die noch die Gipfel des Gebietes einschließt. An den Südhängen liegen die Höhengrenzen dieser Zonen jeweils um 300 Meter höher.

Für jede dieser Zonen sind bestimmte Tier- und Pflanzenarten typisch, die den Klimabedingungen von heiß und trocken bis kühl und feucht angepaßt leben: so die Katzenkralle (eine Dornbuschart) und Halsbandleguane für die untere Sonora-Zone; Zwergwälder mit Pinyonkiefern und Utahwacholder, Graufuchs und Felseneichhörnchen für die obere Sonora-Zone; Gelb- oder Ponderosakiefern und das Goldmanteleichhörnchen für die Übergangszone; Douglas- und Coloradotannen sowie die Stechfichte für die Kanadische Zone. Trotz der meist nicht üppigen Lebensbedingungen ist die Tier- und Pflanzenwelt des Colorado-Plateaus erstaunlich vielfältig. So wurden im → Zion National Park über 240 Vogelarten registriert. Auch die Vielfalt der Bäume erstaunt, was im Vergleich zu der durch die Eiszeiten reduzierten Artenwelt Europas für ganz Nordamerika gilt. Neben den bereits erwähnten Arten sind der in der oberen Sonora-Zone häufige Cottonwoodbaum (eine Pappelart), die Wacholderarten der Übergangszone und die im Herbst golden leuchtenden Espen der Kanadischen Zone zu nennen. In der Kanadischen Zone findet sich im → Bryce Canyon auch die → Bristlecone Pine, ein bewundernswürdiges Lebewesen, von dem in den White Mountains in Kalifornien und am Mount Hamilton in Nevada schon Exemplare gefunden wurden, die dort nachweislich seit mehr als 4500 Jahren leben und damit die ältesten großen Lebewesen auf der Erde sind.

Größere Säugetiere sind die Wapiti-Hirsche und das Mule Deer, die am North Rim des Grand Canyon und im → Bryce Canyon in den Abendstunden zu sehen sind. Viel seltener ist das Bighorn Sheep; kleinere Gruppen kann man mit etwas Glück zum Beispiel am → White Rim Trail zu Gesicht bekommen. Auch Koyoten und Kaninchen sind gelegentlich zu sehen. Keine Aussicht besteht dagegen, den Puma (Berglöwen, Cougar) zu beobachten. Diese Großkatze hat sich in unzugängliche Gebiete zurückgezogen, selbst Experten finden meist nur noch Fußspuren und gelegentlich Reste ihrer Beute. In der Nähe des Bryce Canyon werden noch größere Restbestände vermutet. Unübersehbar sind dagegen Kleinsäuger, vor allem die in vielen Arten auftretenden Baumhörnchen (Squirrels) und Erdhörnchen (Chipmunks).

Unter den Pflanzen sind Little Sunflower und der gelbe Rabbit Brush an den Straßenrändern besonders auffällig. Recht häufig ist auch Sacred Datura, eine giftige Stechapfelpflanze mit schönen Blüten, zu finden. Und obwohl das Colorado-Plateau eine Steinwüste ist, beherbergen seine Flüsse und Stauseen eine Fülle von Fischen wie Forellen, Welse, Barsche.

In allen Visitor Centers der National Parks gibt es vorzüglich gestaltete Ausstellungsräume, in denen viel über Fauna und Flora sowie Geologie und Geschichte der Region zu erfahren ist.

Fisher Towers, Utah, etwa 40 Kilometer nordöstlich von Moab, kurze Schotterstraße ab Highway 128. Ein Ort besonders bizarrer, teilweise papierdünn erscheinender Felstürme, an dem auch schon Western gedreht wurden, trotzdem wenig besucht. Vom Parkplatz aus lohnende Rundwanderung.

Flagstaff, Arizona, 1880 gegründet, mit 35000 Einwohnern die größte Stadt auf dem Colorado-Plateau, zentral gelegen für Ausflüge zum → Grand Canyon, → Petrified Forest, → Sunset Crater, → Wupatki National Park bzw. National Monument und zum → Meteor Crater. In der Umgebung Viehzucht und Forstwirtschaft. Sitz der Northern Arizona University.

Four Corners (Four States Corner). Einziger Punkt der USA, an dem vier Bundesstaaten zusammentreffen: → Utah, → Arizona, Colorado und New Mexico, innerhalb der → Navajo Indian Reservation gelegen.

Gila Cliff Dwellings National Monument, New Mexico (gegründet 1907, 2 km²). Gut erhaltene Klippenwohnungen der → Anasazi in einer Nebenschlucht des Gila-Flusses, auch viele Petroglyphen.

Glen Canyon National Recreation Area, Arizona und Utah, umfaßt den → Lake Powell und angrenzende Ufergebiete. Im Südwesten schließt sich der → Grand Canyon National Park an, im Norden → Capitol Reef und Canyonlands National Park, im Südosten die → Navajo Indian Reservation.

Goblin Valley State Reserve, Utah, nördlich von Hanksville, am Ende einer guten Schotterstraße, die vom Highway 24 abzweigt, gelegen. Versammlung von Hunderten von Kobolden (Goblins) aus rotem weichem Sandstein (→ Siltrock) in besonders skurrilen Formen. Mit etwas Phantasie sind die Parade der Elefanten, der Tanz der Puppen und anderes mehr zu sehen. Erst 1949 von einem Mr. Chaffin entdeckt, der den Ort ebenfalls treffend «Mushroom Valley» (Pilztal) nannte.

Golden Eagle Pass. Ein Kalenderjahr lang gültige Eintrittskarte, die zum beliebig häufigen Besuch aller National Parks und National Monuments der USA berechtigt. Sie gilt nicht für State Parks. Der Preis für die Karte betrug 1987 20 Dollar; für jeden Einzeleintritt wurden drei bis fünf Dollar erhoben.

Goosenecks (Schwanenhälse) nennt man in Amerika enge Flußkehren, zum Beispiel die des San Juan River bei → Mexican Hat, Utah, wo drei 180-Grad-Richtungsänderungen unmittelbar aufeinanderfolgen. Ein ausgezeichneter Überblick bietet sich von Goosenecks State Reserve, einer natürlichen Plattform 300 Meter über den Kehren, am Ende der nur sechs Kilometer langen Straße 316 ab Highway 261. Dieses auf der Welt wohl einmalige Naturwunder wird erstaunlich wenig besucht. (Siehe auch S. 118, Spalte 3.)

Goulding's Trading Post, Utah. 1920 von Mr. Goulding für den Handel mit den → Navajo gegründet, heute das nächstgelegene (ca. 10 km) Motel am → Monument Valley. Von dort empfehlenswerte geführte Touren (halb- und ganztägig) in das Monument Valley.

Grand Canyon National Park, Arizona. Wahrscheinlich vom → Colorado und seinen Nebenflüssen geschaffene Schlucht, deren Entstehungsgeschichte heute noch immer umstritten ist, da niemand sich wirklich vorstellen kann, wie dieses Flußsystem eine solche Schlucht, ein solches «Negativ-Gebirge» je schaffen konnte Der Grand Canyon ist allerdings weder die längste noch die tiefste Schlucht der Erde, aber bestimmt die eindrucksvollste und mit weit über zwei Millionen Besuchern jährlich mit Sicherheit die meistbesuchte.

Den Status eines Nationalparks erhielt die Schlucht des Grand (frühere Bezeichnung für den Colorado) im Jahre 1919. Nach mehrmaliger Erweiterung umfaßt der Park heute 4930 Quadratkilometer großartiger Landschaft. Der Grand Canyon National Park ist durch den Colorado in die Teile North Rim (Nordrand) und South Rim (Südrand) getrennt. North Rim (2500 m) liegt am Aussichtspunkt Bright Angel 360 Meter höher als die Aussichtspunkte am South Rim. Die vom North Rim einsehbare Höhendifferenz bis zum Colorado mißt 1750 Meter, der Park ist, entlang

Monolith des Red Canyon im Abendlicht, das die rötliche Farbe des Sandsteins zum Leuchten bringt.

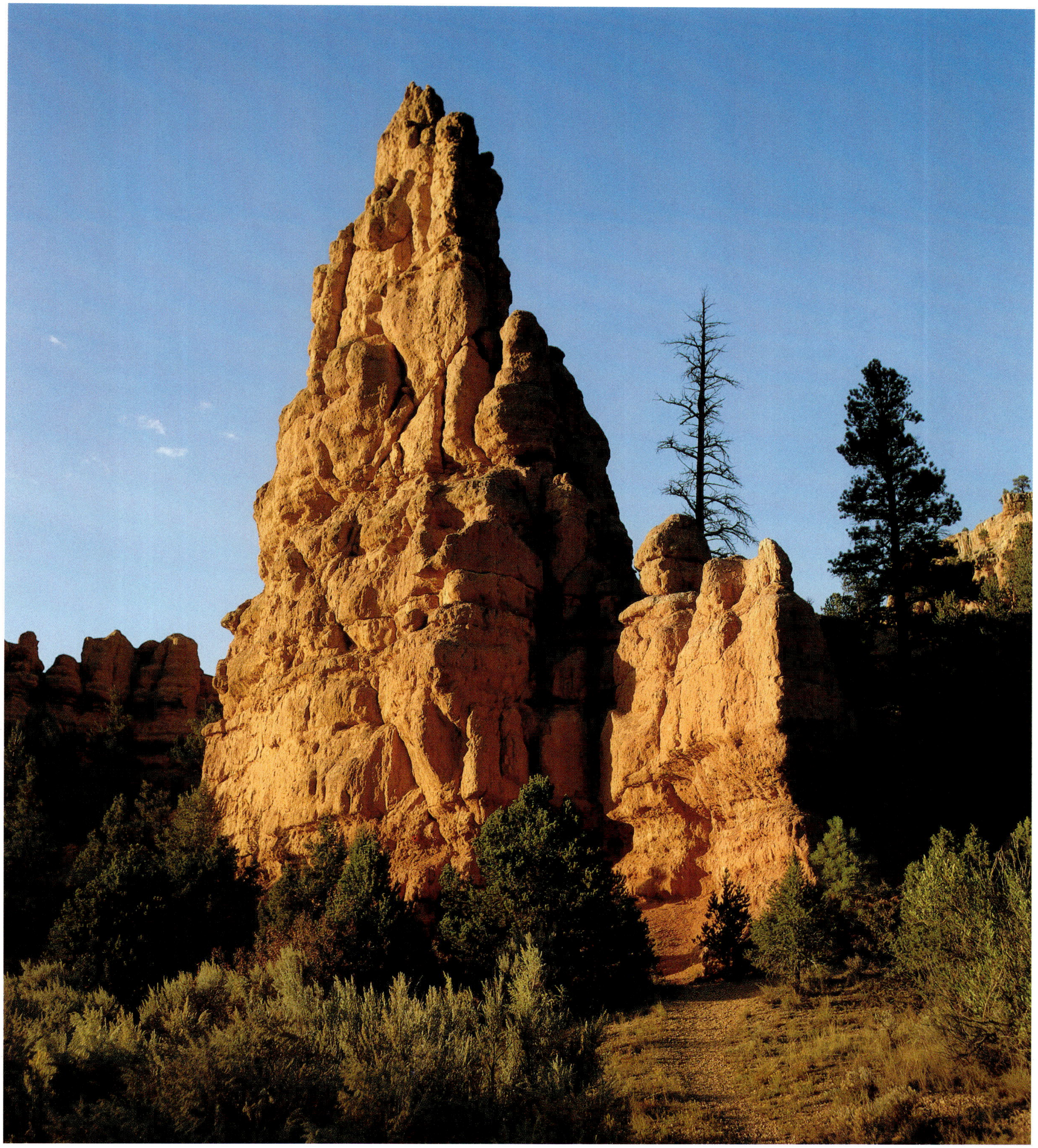

Das berüchtigte Tal des Todes – Death Valley – in Kalifornien mit seinen weiten Dünenfeldern.

dem Colorado River gemessen, 450 Kilometer lang. Die aufgeschnittenen Gesteinsschichten im Grand Canyon sind in einem riesigen Zeitraum entstanden. Man sieht Gesteine jungen Alters und solche, die etwa zwei Milliarden Jahre alt und damit aus einer Zeit sind, aus der die ersten Spuren primitiven organischen Lebens auf unserer Erde stammen. Solche Spuren wurden allerdings im Grand Canyon bisher nicht gefunden.

Im Nationalpark können auf beiden Seiten (North Rim, South Rim) großartige Aussichtspunkte mit dem Wagen erreicht werden. Man kann sich den Grand Canyon auch per Flugzeug oder Hubschrauber erschließen. Da es wiederholt zu Unfällen gekommen ist, dürfen Flugzeuge allerdings nicht mehr unter dem Canyon-Rand fliegen, wodurch diesen Flügen viel von ihrem Reiz genommen wurde. Vom Südrand aus werden Maultierritte bis zur Phantom Ranch bei der Suspension Bridge über den Colorado angeboten, die ein Jahr vorher gebucht werden sollten. Auch wer zu Fuß in den Canyon absteigen will, muß sich rechtzeitig um einen Schlafplatz in der Phantom Ranch bemühen und bedenken, daß am nächsten Tag 1500 Höhenmeter aufwärts bewältigt werden müssen, wobei im unteren Teil im Sommer mit Temperaturen über 40 Grad Celsius zu rechnen ist. Nur wirklich durchtrainierte Wanderer schaffen Abstieg und Aufstieg oder gar die Durchquerung des Canyons am selben Tag. Die Rekordzeit steht bei knapp vier Stunden. «Carry Water»: die vorgeschriebene mitzuführende Mindestmenge beträgt zwei Liter pro Tag, aber fünf Liter werden empfohlen. (Siehe auch → Hiking.)

Great Basin (Großes Becken). Rund 600 000 Quadratkilometer großes abflußloses Gebiet mit einer mittleren Höhe von 1200 Metern über dem Meer im Westen der USA zwischen dem → Colorado-Plateau im Süden, der Sierra Nevada im Westen, dem Columbia-Plateau im Norden und den Wasatch Mountains im Osten. Die Bundesstaaten Kalifornien, Nevada, → Utah und Oregon haben Anteil am Großen Becken. Im Great Basin liegen wertvolle Bodenschätze (Gold, Silber, Kupfer, Blei, Eisen, Kohle). Für Reisende sind von besonderem Interesse der Great Salt Lake bei Salt Lake City, die sich westlich daran anschließende Great Salt Lake Desert, auch Schauplatz von Höchstgeschwindigkeitsfahrten mit Bodenfahrzeugen (bei Wendover), das rotglühende → Valley of Fire bei Las Vegas und vor allem das → Death Valley im Südwesten des Beckens.

Havasu Indian Reservation, Arizona. Ein Seitencanyon des → Grand Canyon mit schönen Wasserfällen. Siedlung der Hasavupai-Indianer, der «Menschen des blaugrünen Wassers». Das Reservat ist nur zu Fuß, per

Auf den Aschefeldern um den Uhebebe Crater im Death Valley gedeihen diese genügsamen Zwergbüsche.

Muli oder Pferd erreichbar. Eine Voranmeldung ist unbedingt erforderlich.

Henry Mountains, Utah. Der in den USA als letzter mit einem Namen versehene Gebirgszug östlich vom → Capitol Reef National Park.

Hiking. Im autofahrenden Amerika ist Wandern (Hiking) noch ungewöhnlich und nicht unbedingt mit Wandern bei uns zu vergleichen. Die Trails, die den Hikers zur Verfügung stehen, sind meist keine ausgebauten Wanderwege, sondern gelegentlich kaum erkennbare Pfade, oftmals steil und anstrengend. Durch den Wassermangel entlang der meisten Trails im → Colorado-Plateau und durch die hohen Temperaturen können Hikes schnell zum Überlebenstraining werden. Vor und nach mehrtägigen Backpack-Hikes (Rucksackwanderungen) ist Abmeldung und Rückmeldung bei den Rangerstationen vorgeschrieben. Ein Hiking-Permit wird nur erteilt, wenn der Ranger davon überzeugt ist, daß physische Verfassung, Ortskenntnisse und die mitgeführten Vorräte, vor allem Wasser, dem Vorhaben angemessen sind.

Hogan, fensterlose, aus Lehm, Holz und Reisig gebaute Wohnstelle der → Navajo. In einer Vertiefung des Bodens ist die Feuerstelle angelegt, deren Rauch durch eine Dachöffnung abziehen kann. Moderne Hogans sind achteckig. Obwohl es sich eigentlich von selbst versteht, daß man ein Haus nicht ohne Einladung betritt, mußten die Navajo im → Monument Valley Schilder aufstellen: «Please do not enter the Hogan.»

Hoodoos (huduhs), lt. Langenscheidts Großem Schulwörterbuch: Unglücksbringer, lt. Bryce-Canyon-Zeitung aber ist ein Hoodoo «a pinnacle, pillar or odd shaped rock left standing by the forces of erosion».

Hopi («Hopitah», die Friedlichen) leben heute vor allem auf drei Tafelbergen: der First, Second and Third Mesa im Gebiet der Black Mesa im Nordosten → Arizonas, etwa 80 Kilometer östlich von Tuba City und entlang dem Highway 264. Dieser Indianerstamm hat etwa 10 000 Angehörige. Berühmt sind ihre religiösen Kachina-Tänze, zu denen Touristen nur Zugang erhalten, wenn sie persönlich von einem Hopi eingeladen werden.

Horseshoe Canyon, Utah. Unter der Verwaltung des → Canyonlands National Park stehendes westlich von diesem Park am Barrier Creek gelegenes Schutzgebiet. Es wird gelegentlich wegen der Great Gallery genannten 3000 Jahre alten Felszeichnungen besucht. Zufahrt über Schotterstraße ab Highway 24 zwischen Hanksville und Interstate 70.

Im Petrified Forest: Versteinerte Stämme von Bäumen, die hier vor zweihundert Millionen Jahren standen.

Hovenweep National Monument, Utah (gegründet 1923, 2 km²), in der Nähe von Blanding und Bluff, Utah. Ruinen von → Anasazi-Pueblos.

Hubbell Trading Post National Historic Site, Arizona. Südlich des → Canyon de Chelly National Monument von John Hubbell 1870 gegründeter Handelsposten, heute Museum.

Hunt's Mesa, Arizona. Wenig bekannter Aussichtspunkt, da nur auf einer der schwierigsten Geländewagentouren des → Colorado-Plateaus erreichbar, mit einzigartigem Blick auf das → Monument Valley. Ausgangspunkt für die geführte Jeepfahrt ist → Kayenta, Arizona. Ohne ortskundigen Führer (Navajo) ist der Weg mit eigenem Geländewagen nicht zu finden. Wegen des hohen Verschleißes der Fahrzeuge ist die Halbtagestour recht teuer, etwa 300 Dollar für bis zu sechs Fahrgäste. Im Holiday Inn in Kayenta nach dem Tourenveranstalter Bill Crawley fragen!

Kayenta, Arizona. Hauptsächlich von → Navajo bewohnte Kleinstadt innerhalb der → Navajo Indian Reservation. Zwei gute Motels als Alternative für Touristen, die nicht rechtzeitig bei → Goulding's reserviert haben.

Kodachrome Basin State Reserve, Utah. Südlich des → Bryce Canyon über Schotterstraße erreichbare Versammlung von «Chimney Rocks» (farbigen → Siltrock-Türmen), nach denen der Park früher benannt war.

Lake Powell. Dieser durch Aufstauung des Colorado River entstandene See, der zu 95 Prozent in → Utah und zu 5 Prozent in → Arizona liegt, ertränkte den vorher kaum besuchten Glen Canyon, «the place no one knew». Baubeginn der 216 Meter hohen Staumauer 1956, Fertigstellung 1963; die endgültige Stauhöhe (1230 m über NN) wurde erst nach 17 Jahren (1980) erreicht. Kraftwerksleistung 960 Megawatt. Der See, der auf Satellitenphotos wie ein fein verästelter bläulicher Blitz aussieht, hat 96 Seitencanyons. Sein Ufer ist mit 3140 Kilometern doppelt so lang wie die Westküste der USA ohne Alaska. Die größte Länge des Sees beträgt 300 Kilometer, die Seefläche mißt 660 Quadratkilometer, sein Inhalt beträgt 33 Milliarden Kubikmeter. Damit ist der Lake Powell einer der größten Stauseen der Welt. Neben seiner eigentlichen Bestimmung – der Regulierung und Energieausbeutung des Colorado – ist er ein zunehmend beliebt werdender Tummelplatz für Motor- und Hausboote aller Größen. Der See wurde nach Major John Wesley Powell benannt, der als erster den → Colorado durch den → Grand Canyon befuhr.

Halb- und ganztägige Motorbootfahrten ab Wahweap Marina führen zur → Rainbow Bridge, aber auch in beängstigend enge, ungemein reizvolle Seitencanyons. Die Kapitä-

Selbst die Jahresringe lassen sich auf den Fragmenten der versteinerten Bäume noch gut erkennen.

ne machen sich einen Spaß daraus, ihr großes Boot so weit in diese Canyons hineinzusteuern, bis es knirschend an den steilen Felswänden anliegt, zum Erschrecken und Vergnügen der Passagiere. Mit den → Buttes am See, vor allem dem Tower Butte, wurde für Spiel- und Werbefilme allerlei Allotria getrieben, so wurden mit Bösewichten besetzte Autos mit Hubschrauber auf den kleinen, allseitig senkrecht abfallenden Gipfelflächen abgesetzt.

La Sal Mountains, Utah. Höchster Gebirgszug des → Colorado-Plateaus, durch vulkanische Aufwölbung vor etwa 50 Millionen Jahren geformt, südöstlich von → Moab gelegen. Größte Höhe 3877 Meter über NN.

Lee's Ferry, Arizona. Vor dem Bau der Navajo Bridge im Jahr 1929 nahe dem → Marble Canyon war Lee's Ferry die einzige brauchbare Möglichkeit, die Schlucht des → Colorado zu durchqueren, da hier die Pferdewagen der früheren Pioniere und Händler bis an den Fluß fahren konnten und nicht wie an anderen Stellen über steile Klippen hinabgelassen werden mußten. Die Fährverbindung wurde 1873 von John D. Lee eingerichtet. Bei Lee's Ferry mündet der Paria River und endet der Paria Canyon Wilderness Trail.

Marble Canyon, Arizona, am östlichen Eingang des → Grand Canyon, 80 Kilometer lang, wurde 1969 zum National Monument erklärt und 1975 dem Grand Canyon National Park hinzugefügt. Hier, bei → Lee's Ferry, starten die berühmten Schlauchbootfahrten auf dem mittlerweile durch den Glen-Canyon-Damm gezähmten → Colorado.

Mesa (span., Tisch, Tafel, Tafelberg), zum Beispiel → Mesa Verde, Black Mesa; im → Monument Valley: Hunt's Mesa, Rain God Mesa, Thunderbird Mesa.

Mesa Verde National Park, Colorado (gegründet 1906, 210 km², 1800–2600 m hoch), bei Cortez nahe der Kreuzung der Highways 160 und 666. Das Interesse an dem sich 600 Meter über die Umgebung erhebenden «Grünen Tisch» gilt der Kulturgeschichte: In bis zu 300 Meter tiefen Schluchten in der «Tischplatte» befinden sich höhlenartige Felsüberhänge, in denen die → Anasazi ihre Siedlungen anlegten. Warum die Anasazi erst von der Hochfläche in die Schluchten zogen und nach etwa 100 Jahren auch diese verließen, ist nicht bekannt. Vielleicht waren Angriffe feindlicher Stämme und klimatische Veränderungen die Ursachen. Die bekanntesten → Pueblos auf Mesa Verde sind Cliff Palace, Spruce Tree House, Square Tower House, Balcony House. Der Mesa Verde National Park wurde 1978 zum ersten «World Heritage Culture Park» der USA erklärt.

Meteor Crater, Arizona, bei Winslow, 80 Kilometer südöstlich von → Flagstaff, auch Barringer-Krater und früher Canyon Diablo genannt. Umschließt einen der größten und den dank des ariden Klimas von Arizona besterhaltenen Meteorkrater der Erde, der 1871 entdeckt, aber erst 60 Jahre später als außerirdischen Ursprungs erkannt wurde. Vor etwa 22 000 Jahren schlug hier ein 60 000 Tonnen schwerer Nickel-Eisen-Meteorit mit einer Geschwindigkeit von rund 45 000 Stundenkilometern ein, wobei die Energie mehrerer Megatonnen-Wasserstoffbomben freigesetzt wurde. Schätzungsweise 500 Millionen Tonnen Gestein wurden hochgeschleudert. Der Krater mißt 1265 Meter im Durchmesser und ist 175 Meter tief.

Mexican Hat, Utah, → Navajo-Siedlung in der Nähe von → Monument Valley und → Goosenecks State Reserve, benannt nach einem nahen Sandsteinturm mit einer hutähnlichen Steinplatte auf seiner Spitze.

Mitten (mitn), engl., Fausthandschuh, Fäustling. Aus Filmen und Werbung gut bekannt sind Left and Right Mitten im → Monument Valley.

Moab, Utah. 1855 von Mormonen gegründete Kleinstadt und heute ein touristisches Zentrum des → Colorado-Plateaus. Von Moab sind in 10 bis 40 Autominuten die Eingänge von → Arches National Park, → Dead Horse Point State Park, → Canyonlands National Park (Island in the Sky Section) zu erreichen, ebenso das → Castle Valley, die → Fisher Towers und der → Nine Mile Canyon. Ausgangspunkt für ruhige Floßfahrten auf dem Colorado. Zahlreiche Motels, Campingplätze, Super Markets. Moab liegt in einem tektonischen Graben (Moab fault) zwischen den Plateaus des Arches und des Canyonlands National Park, den man von der Zufahrt zu Arches gut überblicken kann. Nach dem Zweiten Weltkrieg wurde intensiv nach Uran gesucht und südlich von Moab eine Uranerzader entdeckt, die der glückliche Schürfer Charlie Steen «Mi vida» (mein Leben) nannte. Nach dem Abbau von Uranerzen mit einem Wert von 100 Millionen Dollar ist heute vom Uranboom in Moab nichts mehr zu spüren.

Mogollon Rim, Arizona. Südlich von → Flagstaff bildet dieser eindrucksvolle 600 Meter tief abfallende Steilabbruch den Südrand des Colorado-Plateaus. Auch hier suchten 300 spanische Eroberer unter Führung des Caballero Francisco Vasquez de Coronado vergeblich nach den sagenhaften sieben goldenen Städten von Cibola.

Mono Lake, Kalifornien. Ein über eine Million Jahre alter See nahe dem Yosemite National Park, der durch die rigorose Nutzung seiner Zuflüsse für die Wasserversorgung des 800 Kilometer entfernten Los Angeles zum Sterben verurteilt zu sein scheint. Bis heute ist der Wasserspiegel bereits um zwölf Meter gesunken, der See versalzt zunehmend, und Tiere, die es hier gab, verschwinden. Infolge des Absinkens des Seespiegels treten bizarre Tuffsteinsäulen hervor, die aus Sinterablagerungen unterseeischer Quellen gebildet wurden. Die brüchigen Gebilde werden aber dem rauhen Klima am Ostrand der Sierra Nevada nicht lange standhalten können.

Monument Canyon, Arizona. Seitenarm des → Canyon de Chelly im gleichnamigen National Monument.

Monument Valley, Navajo Tribal Park, innerhalb der → Navajo Indian Reservation teilweise in → Utah, zum größten Teil aber in Arizona liegend, jeweils etwa 40 Kilometer südwestlich von → Mexican Hat, Utah, und nördlich von → Kayenta, Arizona. Weltweit bekannt geworden als Schauplatz vieler Western, vor allem «Stage Coach». In das Monument Valley führt eine für Selbstfahrer freigegebene Staubstraße (Länge der Rundfahrt: etwa 28 Kilometer). Ein weiterer, gleich langer Staubstraßen-Rundkurs darf nur mit Führer und Geländewagen befahren werden. Wanderungen sind nicht gestattet.
Das Monument Valley vermittelt zu jeder Tageszeit Eindrücke erhabener Größe, die sich bei Sonnenaufgang und noch mehr bei Sonnenuntergang zu monumentaler Feierlichkeit steigern. Hier wünscht jeder Photograph, daß die Sonne mehrmals am Tag untergehen möge. Eindrucksvolle Aussichtspunkte sind der Blick auf Left und Right Mitten und Merrick Butte direkt am Parkeingang, hier kann man den Sonnenuntergang in Ruhe erleben (denn vor Sonnenuntergang müssen alle Fahrzeuge das Tal verlassen haben), ebenso Artist Point, North Window, John Ford's Point. Unter den Felsformationen sind vor allem die Three Sisters, Camel und Elephant Butte, die Tänzer (→ Ye-be-chai), der Totem Pole und Sun's Eye zu nennen.

Muley Point, Utah. Aussichtspunkt über die → Goosenecks des San Juan River. In der Ferne → Monument Valley. Vom Fluß selbst ist nicht viel zu sehen. Schotterstraße ab Highway 261 nördlich von → Mexican Hat.

Mushroom Valley, s. Goblin Valley State Reserve.

Zerfurchte Gesteinsreliefs in hellen, schimmernden Farben: Die Blue Mesa im Petrified Forest.

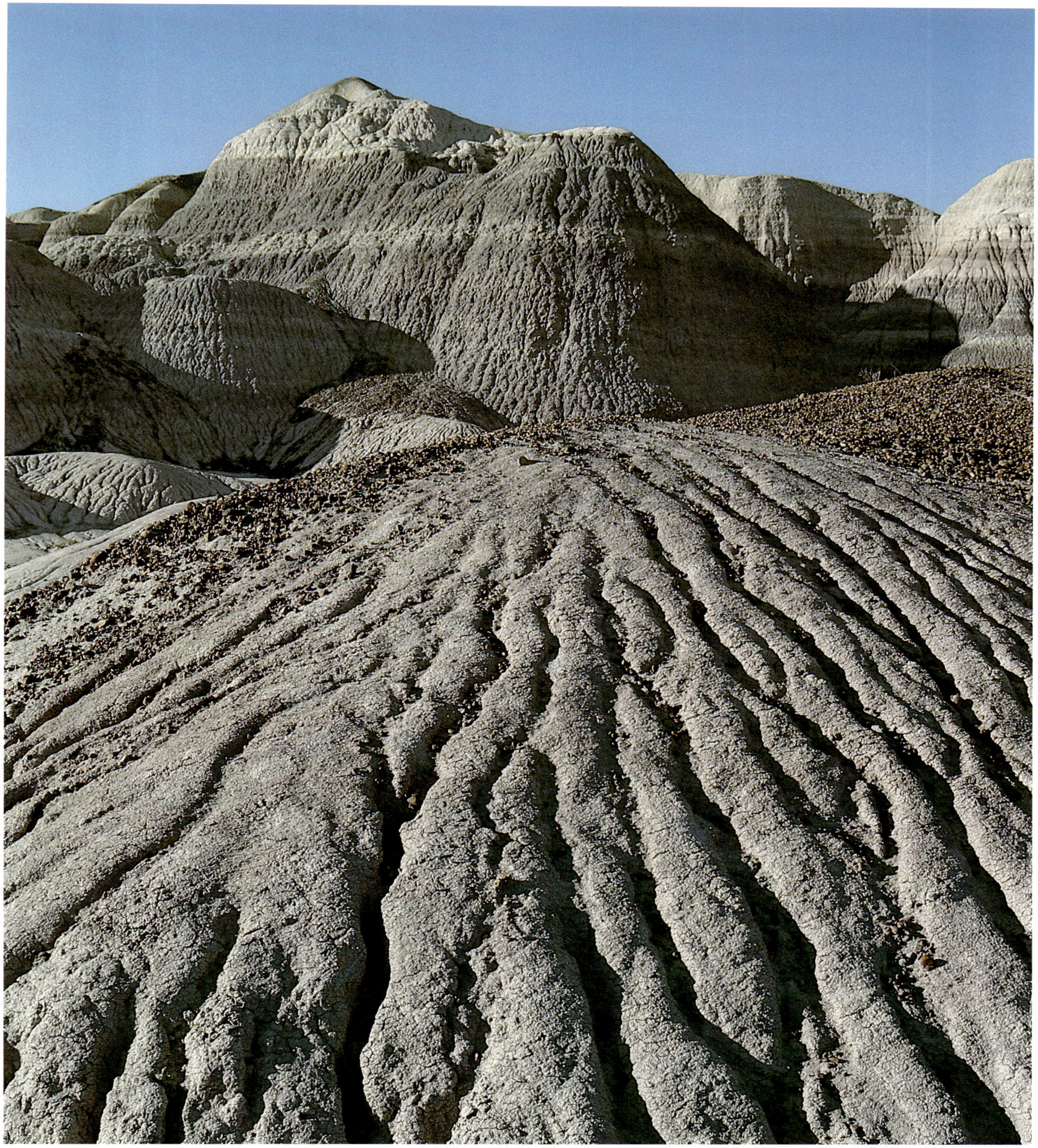

166

TIERE UND PFLANZEN DER CANYONLANDSCHAFTEN

Impressionen aus der Tier- und Pflanzenwelt des amerikanischen Südwestens: Eule und Schildkröte, Ozelot, Eidechse wie auch ein Paar junger Dickhornschafe, aufgenommen im Canyonlands National Park und im Arizona Sonora Desert Museum in Tucson. – Blühender Barrel-Kaktus (oben), die gelbblühende Desert Mariposa, eine Lilienart (Mitte), und ein besonders schönes Exemplar des Indian Paintbrush (unten), einer Blume, die in Nordamerika in rund zweihundert Arten verbreitet ist.

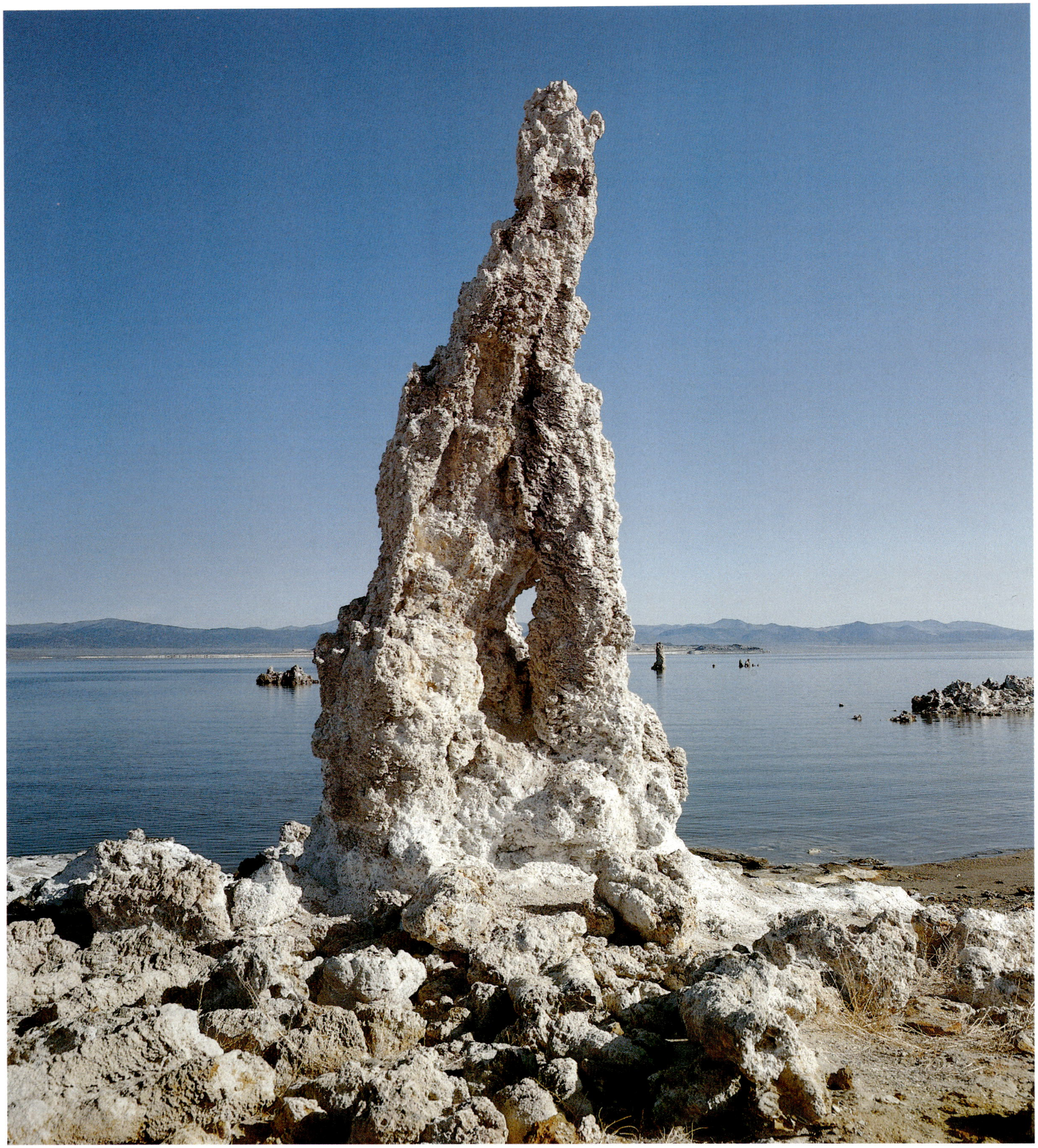

Natural Bridges National Monument, Utah (gegründet 1908, 31 km²), etwas abgelegen nördlich von → Mexican Hat und über die Highways 95 und 275 zu erreichen. Die Aussichtspunkte auf die 1883 vom Erzsucher Cass Hite entdeckten drei Naturbrücken aus weißem Sandstein – Sipapa, Kachina und Owachomo – sind durch eine 13 Kilometer lange Einbahnstraßenschleife miteinander verbunden. Von allen Aussichtspunkten gibt es kurze Wanderwege zu den Füßen der Brücken. Die größte, die Sipapa-Brücke, hat eine Spannweite von 81,5 Metern und ist 67 Meter hoch. Die Namen der Brücken entstammen der Sprache der → Hopi. Neben den Brücken sind auch viele Ruinen der → Anasazi zu sehen.

Navajo. Von den «Weißen» so genannte Indianer, sie selbst nennen sich «Dineh» (das Volk). Sie wanderten um 1400 aus dem Nordwesten Kanadas ein. Nach der «Eroberung» Nordamerikas erlebten sie das traurige Schicksal der Aussiedlung und Niedermetzelung. Heute sind die Navajo mit 150 000 Angehörigen der größte Indianerstamm und leben mehrheitlich in der → Navajo Indian Reservation rund um → Four Corners.

Navajo Indian Reservation, den Navajo- und Hopi-Indianern zugewiesenes Territorium von 65 000 Quadratkilometern in den Bundesstaaten → Arizona, New Mexico und → Utah, mit halbautonomer Verwaltung, eigener Polizei, eigenen Gerichten. Verwaltungssitz (Sitz des Stammesrates) ist Window Rock, Arizona.

Navajo Mountain, Arizona. Ein markanter, weithin sichtbarer Bergrücken vulkanischen Ursprungs, Höhe 3166 Meter. Ganz in der Nähe dieses Berges liegt die → Rainbow Bridge.

Navajo National Monument, Arizona, 30 Kilometer westlich von → Kayenta. Das National Monument besteht aus drei ehemaligen Indianersiedlungen: Betatakin, Keet Seel und Inscription House, letztere ist auf einer Halbtagswanderung über 700 Treppenstufen abwärts (und dann wieder aufwärts!) zu erreichen.

Navajo Twin Rocks, Utah. Rotes Sandsteinturm-Zwillingspaar in der Nähe von Bluff.

Needles Overlook, Utah. Auf dreizehn Kilometer langer Zufahrt vom Highway 191 erreichbarer an einem Steilabbruch gelegener Aussichtspunkt auf eine grandiose Steinwüste. Fernblicke auf den Maze- und Needles-District des → Canyonlands National Park.

Newspaper Rock State Historical Monument, Utah. Fels an der vom Highway 191 abzweigenden Straße 211 zum Needles District des → Canyonlands National Park mit besonders schönen und vielen Steinzeichnungen (Petroglyphs) der → Anasazi.

Nine Mile Canyon, Utah, erstreckt sich von → Moab bis Potash, wo der → Shafer Trail beginnt. Rechts der durch den Canyon führenden Straße senkrecht etwa hundert bis zweihundert Meter aufragende Sandsteinwände mit Petroglyphs (Steinzeichnungen) aus präkolumbianischer Zeit, links der hier ruhig fließende → Colorado.

Oak Creek Canyon, Arizona. Romantisches Tal am Südrand des → Colorado-Plateaus zwischen Phoenix und → Flagstaff, mit Gewässern, Nadelbäumen und roten Felsen. Im Zentrum die «Künstler» – Kleinstadt Sedona.

Old Paria Ghost Town, Utah. In den → Vermilion Cliffs am Ende eines nördlichen Abstechers von der Straße 89 Page – Kanab liegende für einen Film nachgebaute Ghost-Town. Einige Holzhäuser vor Lehmbergen mit zinnoberroten, braunen, weißen und grünen Schichten. Selten besucht. Vorsicht: Die sonst gute Zufahrtsstraße verwandelt sich bei Regen in schlüpfrige Schmierseife und ist dann nicht einmal zu Fuß oder mit Vierradantrieb passierbar.

Page, Arizona, 6500 Einwohner. Aus der Bauarbeitersiedlung für den Bau des Glen-Canyon-Damms entstandene typische amerikanische Kleinstadt, neben → Moab ein weiteres touristisches Zentrum des → Colorado-Plateaus, unmittelbar am → Lake Powell gelegen. Page lebt heute vom Tourismus an diesem See. Es werden Seerundfahrten ab → Wahweap Marina, Jeeptouren und «Scenic Flights» (Rundflüge) angeboten.

Painted Desert, Arizona (Bemalte Wüste). Eindrucksvolle → Badlands südöstlich des → Grand Canyon National Park. Hügelige Lehm- und Tonablagerungen, die durch mineralische Anteile Farbabstufungen von rot, gelb, blau, braun und grau aufweisen.

Paria Canyon Wilderness Trailhead, Utah. Südlich der Straße 89 Page – Kanab beginnt der Paria Canyon Wilderness Trail, eine anspruchsvolle, bei Gewittern gefährliche mehrtägige Wanderung hinunter nach → Lee's Ferry am oberen Ende des → Grand Canyon National Park. Am Anfang dieses Weges (Trailhead) einzigartige rosa-weiße Sandsteinstrukturen.

Durch das Sinken des Wasserspiegels des Mono Lake treten immer mehr der porösen Kalktuffsäulen zutage.

Petrified Forest National Park, Arizona (gegründet 1906/1962, 380 km², 1600–1900 m hoch). Von ganz anderem Charakter als die übrigen Nationalparks des → Colorado-Plateaus, Teil der → Painted Desert. Farbige Ton- und Lehmhügel (→ Siltrock), in denen die größte Anzahl versteinerter Baumstämme liegt, die man weltweit kennt, oftmals noch fast vollständig erhalten. Die Stämme sind etwa 200 Millionen Jahre alt. Im Laufe der Zeit wurde das organische Material der in Sümpfe gestürzten, später mit Schlamm überdeckten Bäume durch Kieselsäure ersetzt, die in den Zellen des Holzes winzige Quarzkristalle bildete. Zusammen mit der Kieselsäure wurden weitere Mineralien wie Eisen, Kohle, Kupfer und Mangan eingelagert, auf die die vielfältigen Farben der versteinerten Bäume von weiß über rot und blau bis schwarz zurückgehen. Viele der versteinerten Bäume gehören als Araucaria zur Gruppe der Koniferen. Entfernte Verwandte der Araucaria wachsen als Araucarioxyla noch heute in Südamerika, Australien und Neuseeland.

Es ist streng verboten, die zu Millionen herumliegenden farbigen Steinsplitter einzustecken. Außerhalb des Parks kann man aber schöne Stücke, die aus benachbarten Fundstellen stammen, preiswert erwerben. Zufahrt zum Petrified Forest ab Interstate 40 zwischen → Flagstaff und Gallup.

Pipe Spring National Monument, Arizona. Ehemalige befestigte Mormonensiedlung. Rund 40 Kilometer von Fredonia am Highway 389.

Pueblo-Indianer. Zusammenfassende Bezeichnung für die Indianerstämme, die auf dem → Colorado-Plateau und seiner Umgebung seit Beginn unserer Zeitrechnung bis zum 14. Jahrhundert gelebt haben. Das sind die → Anasazi, die im Norden des Colorado-Plateaus seßhaft waren, die Sinagua in der Nähe der → San Francisco Peaks, die Hohokam beim heutigen Phoenix, der Hauptstadt → Arizonas, die Salado im Osten des Plateaus und die Mogollan im Bergland von New Mexico. Bei unterschiedlichen Kulturerkmalen hatten die Pueblo-Indianer gemeinsam, daß sie das Land bestellten und in der Anfangszeit in Höhlen wohnten, später aber feste Häuser bauten. Die Spanier nannten diese Häuser → Pueblos. Die Bezeichnung «Pueblo-Indianer» rührt also von dieser ihnen gemeinsamen Wohnkultur her.

Pueblos. Bezeichnung der spanischen Entdecker für die Lehm- und Steinhäuser der → Pueblo-Indianer. Diese Häuser enthielten stets mehrere Räume, waren teilweise auch mehrstöckig und besaßen einen unterirdischen Andachtsraum (Kiva). Ruinen der Pueblos auf dem → Colorado-Plateau.

Rainbow Bridge National Monument, Utah (gegründet 1910, 0,6 km²). Den Indianern als zu Stein gewordener Regenbogen erschienen und von ihnen verehrt, wurde die Steinbrücke von den «Weißen» dank indianischer Führung erst 1909 «entdeckt». Früher nur auf langen und anstrengenden Wander- und Reitwegen erreichbar. Heute ist ein Besuch mühelos dank der zweimal täglich von → Wahweap Marina veranstalteten Rundfahrten, die die 80 Kilometer von der Marina bis zur Regenbogenbrücke in gut zwei Stunden schaffen. Wer immer die Rainbow Bridge gesehen hat, wird bestätigen, daß sie mit ihrer Spannweite von 84 Metern, ihrer Höhe von 88 Metern und ihrer vollendeten Form unter den vielen Naturwundern des → Colorado-Plateaus das größte ist.

Die Rainbow Bridge wurde bereits ein Jahr nach ihrer «Entdeckung», also 1910, vom damaligen Präsidenten Taft zum National Monument erklärt.

Red Canyon, Utah. Im Dixie National Forest gelegener Vorläufer des → Bryce Canyon mit → Hoodoos noch intensiverer Färbung als im Bryce Canyon, aber von den dorthin eilenden Reisenden wenig beachtet.

Reiseklima. Die beste Reisezeit für das → Colorado-Plateau und Umgebung ist Ende August bis Mitte Oktober. Im Juli und August wird es sehr heiß (bis über 40 Grad Celsius), und Gewitter sind, vor allem in → Utah, häufig. Im September und Oktober werden Gewitter seltener, der Himmel ist meist wolkenlos. Wenn auch am Tage noch Temperaturen von über 30 Grad Celsius nicht selten sind, kühlt es sich nachts angenehm ab. In größeren Höhen (wie im → Bryce Canyon mit 2400 m) kann es nachts allerdings schon empfindlich kalt werden, sogar zu Frost kommen. Alternativ sind auch die Monate Mai und Juni als Reisezeit zu empfehlen, insbesondere für Parks mit interessanter Vegetation, wie → Capitol Reef oder → Zion.

Reisen in den Canyonlandschaften im Westen und Südwesten der USA ist für Einzelreisende nirgendwo auf der Welt einfacher. Hervorragend angelegte, im Vergleich zum dicht bevölkerten Europa leere Interstates (die Bundesstaaten verbindende, mindestens vierspurige kreuzungsfreie Autobahnen mit meist sehr breitem Mittelstreifen), Freeways (ebenfalls mindestens vierspurige kreuzungsfreie Autobahnen innerhalb eines Bundesstaates) und Highways (nicht kreuzungsfrei, unseren Bundesstraßen vergleichbar) erschließen das Land. Alle Straßen sind mit

Düster-geheimnisvolle Stimmung in dem von Nebel und schwarzen Wolken verfinsterten Yosemite Valley.

Nummern und Angabe der Himmelsrichtung ausgezeichnet beschildert, zum Beispiel I–15 North (Interstate 15 nach Norden). Man muß sich nur angewöhnen, seine Strecke mit diesen Nummern, die zum Beispiel den ausgezeichneten Straßenkarten von Rand McNally entnommen werden können, zu planen. Denn anders als bei uns werden Zielorte selten genannt, die Hinweisschilder lauten beispielsweise «Jct Hwy 89 West» (Junction, Abzweigung zum Highway 89 nach Westen). Auf den Freeways und Highways beträgt die erlaubte Höchstgeschwindigkeit 55 Meilen pro Stunde (mph), das sind fast 90 Stundenkilometer, auf den Interstates neuerdings oft 65 Meilen pro Stunde (105 km/h). Häufig wesentlich schneller donnern die Trucks über die Straßen. Das ist zwar nicht erlaubt, aber die Trucker warnen sich gegenseitig über CB-Funk vor dem «Bear» (Trucker-Slang für Polizei), so daß sie rechtzeitig den Fuß vom Gaspedal nehmen können. Vorsicht, wenn ein Truck überholt! Die schnellen Ungetüme erzeugen heftige Luftwirbel, unangenehm vor allem für Wohnmobile und Wohnwagen.

Individuelles Reisen im Canyonland wird außer durch das ausgezeichnete Straßennetz auch durch die sonstige für Reisende wichtige Infrastruktur leicht gemacht. Sozusagen überall gibt es Tankstellen, gute Einkaufsmöglichkeiten (Supermarkets) und preisgünstige Motels und Campingplätze. Die Mietkosten für Autos und Wohnmobile bei unbegrenzter Kilometerleistung sind, vor allem bei Bestellung im deutschen Reisebüro, im Vergleich zu den in Europa geforderten Preisen wesentlich niedriger. Genaue Preisangaben enthalten die Kataloge der Reisebüros. Übrigens: es können auch Motorräder und Geländefahrzeuge gemietet werden, letztere aber nur an Ort und Stelle, zum Beispiel in → Moab. Wer lieber in einer Gruppe reist, kann unter einer Vielzahl angebotener Busreisen wählen. Die Klimaanlagen der Busse sind auf unangenehm niedrige Temperaturen eingestellt und die Fenster meist stark getönt. Vorteil: Man muß sich um nichts selbst kümmern und erfährt, wenn man das amerikanische Englisch versteht, viel über Geschichte, Land und Leute. Außerdem sind Busreisen die kostengünstigste Weise, die Canyonlandschaften kennenzulernen.

San Francisco Peaks, Arizona. Bergzug vulkanischen Ursprungs nördlich von → Flagstaff mit dem Humphreys Peak, dem höchsten Berg Arizonas (3850 m). Die San Francisco Peaks sind den → Hopi und → Navajo heilig. Trotz ihres erbitterten Protests wurden Skilifte auf die Berge gebaut.

Shafer Trail. Früher ein Indianerpfad vom heutigen Potash (Pottascheabbau) bei → Moab zum Hochplateau des → Canyonlands

National Park, später von Uranschürfern zu einer Jeepstraße verbessert. Der Serpentinenabschnitt zwischen dem Eingang zum → Canyonlands National Park und der Abzweigung des → White Rim Trail ist auch mit normalen Autos befahrbar. Kilometrisch kürzeste Verbindung von → Moab zum Eingang des → Canyonlands National Park (Island-of-the-Sky-Abschnitt) durch eine eindrucksvolle Landschaft mit Blicken auf den → Colorado, auf → Walking Rocks und tiefrote Sandsteinwände, die für den Mehraufwand an Zeit entschädigen.

Shiprock, New Mexico. Heiliger Berg der → Navajo von 2188 Metern Höhe. Ein eindrucksvoller Vulkanstumpf beim gleichnamigen Ort in der Nähe von → Four Corners. Der Stumpf wird auch «The Rock with Wings» (der Fels mit Flügeln) genannt, da sich von seinem Fuß aus kilometerlange Basaltrippen in die Umgebung ziehen. Sie sind sechs bis neun Meter hoch und teilweise weniger als einen Meter stark.

Siltrock. Neben der Bezeichnung → Slickrock findet sich in der Literatur auch der Begriff Siltrock (wörtlich: Schlammstein). Damit werden auf dem → Colorado-Plateau häufig anzutreffende Formationen angesprochen, die aus getrocknetem Schlamm zu bestehen scheinen. Hierzu gehören zum Beispiel die Säulen und Türme (→ Hoodoos) des → Bryce Canyon, des → Goblin Valley, des → Red Canyon und der → Cedar Breaks, die Formationen der → Painted Desert und des → Petrified Forest National Park.

Slickrock (slick: glatt). Slickrock sind Felsformationen, überwiegend aus Sandstein, die durch Wind oder Wasser geschliffen wurden. Viele markante Erscheinungen auf dem → Colorado-Plateau, die → Arches, Bridges, Canyonwande sind Slickrock. In kleineren Maßstäben zeigt sich der Slickrock in den → Slickrock Canyons.

Slickrock Canyon. Enge Sandsteinschlucht, deren Wände durch (sandführendes) Wasser zu phantastisch modellierten Flächen geschliffen wurden. Slickrock Canyons sind erst in den letzten Jahren durch Photos publik geworden, aber es ist schwer, sie zu finden und in sie hineinzugelangen. Der bekannteste ist der → Antelope Canyon bei → Page.

Sunset Crater National Monument, Arizona (gegründet 1930, 12 km^2). Aschekegel in den → San Francisco Peaks nördlich von → Flagstaff. Man kann ihn auf dem Wege zum → Grand Canyon besuchen.

Toroweap Overlook, Arizona. Aussichtspunkt bei Tuweep auf den → Colorado River und frühere Lavaströme, nur auf fast 100 Kilometer langen Schotterstraßen von Fredonia, Arizona, oder Colorado City, Utah, zu erreichen und demzufolge wenig besucht. Die Lavaströme stauten den Colorado mehrmals auf, es wurde nachgewiesen, daß die Lava-Staumauern bis 160 Meter hoch wurden und dadurch den Fluß bis 300 Kilometer zurückstauten. Vom Overlook sind auch die Lava Falls zu sehen, die mächtigsten Stromschnellen im → Grand Canyon. Vom Aussichtspunkt geht es 900 Meter senkrecht abwärts. Nicht ganz Schwindelfreie kriechen daher lieber zu seiner Kante.

Utah, genannt «The Beehive State». Westlicher Gebirgsstaat der USA zwischen Colorado, → Arizona, Nevada, Idaho und Wyoming. Bei → Four Corners berührt Utah auch New Mexico. Der «Mormonenstaat» ist 220 000 Quadratkilometer groß. Einwohnerzahl: etwa 1,5 Millionen, davon 97% «Weiße». Seit 1896 (45.) Bundesstaat. Die Hauptstadt Salt Lake City wurde 1847 von dem Mormonenführer Brigham Young gegründet. Mehr als die Hälfte Utahs zählt geographisch zum → Colorado-Plateau, das westliche Drittel zum → Great Basin und der Rest zu den Rocky Mountains.
Neben dem Great Salt Lake im → Great Basin liegen die Sehenswürdigkeiten Utahs, nämlich → Arches, → Bryce Canyon, → Canyonlands, → Capitol Reef und → Zion National Park. Klimatisch ist Utah ein Wüstenstaat, nur der Südwestteil hat fast subtropisches Klima. Der Sommer ist heiß und gewitterreich, der Winter kalt und trocken. Wegen des trockenen Winterklimas rühmt sich Utah des «greatest snow on earth», nämlich herrlichen Pulverschnees.

Valley of Fire State Park, Nevada. 1935 als erstes Schutzgebiet dieses Bundesstaates gegründet, etwa 45 Autominuten nordöstlich von Las Vegas nahe der Interstate 15. Außergewöhnliche, teils skelettartige Erosionsformen von tiefrotem und gelbweißem Sandstein. Besonders interessant sind die «Beehives», bienenkorbähnliche Sandsteingebilde im Zentrum des Parks. Auch Felszeichnungen und versteinertes Holz sind zu sehen.

Valley of the Gods, Utah. 15 Kilometer westlich von Bluff führt eine Schotterstraße durch eine Ebene mit vereinzelten roten Sandsteintürmen. Einen schönen Überblick auf das Valley hat man vom Highway 261, nahe der Abzweigung zum → Muley Point am oberen

Stamm einer Bristlecone Pine, die für ihre immense Lebensdauer – bis zu 4600 Jahre – berühmt ist.

173

Die knorrigen, gewundenen Äste einer Bristlecone Pine (Grannenkiefer) in den White Mountains.

Ende des dramatischen Moki Dugway, eines Straßenabschnitts, der eine etwa 350 Meter hohe Geländestufe überwindet.

Vermilion Cliffs, Arizona (vermilion = zinnoberrot). Besonders intensiv rote Felsklippen, die sich vom → Marble Canyon bis Kanab erstrecken.

Virgin River Gorge, Utah. Auf der Route Salt Lake City – Cedar City – Las Vegas durchquert die Interstate 15 die Schlucht des Virgin River. Hier steigt die Straße vom → Colorado-Plateau in das → Great Basin (Großes Becken) ab. Obwohl die Straße auch hier vierspurig ausgebaut ist, ist die Fahrt durch diese Schlucht atemberaubend. Ein Meisterstück des Straßenbaus. Der Virgin River mündet in den Lake Mead, einen weiteren Stausee des → Colorado River.

Wahweap Marina, Arizona, wenige Kilometer westlich von → Page, ist unter den anderen Yachthäfen des → Lake Powell, → Dangling Rope, Bullfrog, Hite, Halls Crossing, San Juan, der größte. Großes Hotel, Liegeplätze für Hunderte von leihbaren Motorbooten und Hausbooten. Der Name Wahweap ist indianischen Ursprungs und bedeutet «bitteres Wasser»; gemeint ist das Wasser eines stark mineralhaltigen Baches, der hier mündet.

Walking Rocks (schreitende Felsen). Eine der Erscheinungsformen der Erosion des → Colorado-Plateaus, besonders gut zu sehen im → Canyonlands National Park. Die Ausgangssituation ist eine recht wetterfeste (hier weiße) Kalksteinschicht, unter der eine wesentlich weichere (hier rote) und mächtigere Sandsteinschicht liegt. Mit der Zeit verwittert die obenliegende Schicht, es bilden sich Risse, durch die Wasser die darunterliegende Schicht erreicht. Die Risse erweitern sich zu Spalten, die obenliegende Schicht löst sich in nahezu kreisförmige Elemente auf, und da die darunterliegende Schicht schneller als die obere erodiert, entstehen schließlich Säulen mit weißen Kappen, die einen Abhang hinunterzuschreiten scheinen. Dieser Vorgang ist im Monument Basin des → Canyonlands National Park besonders deutlich zu erkennen. Dort haben die Walking Rocks schon eine ebene Fläche erreicht; der größte von ihnen, der Totem Pole, hat seine Kappe verloren und wird darum schneller verschwinden als seine Nachbarn.

Walnut Canyon National Monument, Arizona (gegründet 1915, 0,04 km²), östlich von → Flagstaff. Indianische Ruinen des 12./13. Jahrhunderts unter Felsüberhängen.

White Canyon, Utah, erstreckt sich nordwestlich des → Natural Bridges National Mo-

Wahrhaft in den Berg verkrallt ist das mächtige Wurzelwerk der Grannenkiefern in den White Mountains.

nument bis zum → Lake Powell bei Hite Marina. Ein Gebiet weißer Sandsteinformationen in grandioser Einsamkeit, wenn auch vom Highway 95 durchzogen.

White Rim Trail. Landschaftlich großartiger Jeepweg entlang dem White Rim (weißer Rand) innerhalb des Island-in-the-Sky-Teils des → Canyonlands National Park. Die 180 Kilometer lange Rundstrecke ab → Moab kann, obwohl sie keine fahrtechnischen Schwierigkeiten aufweist, auch von erfahrenen Jeepfahrern kaum an einem Tag bewältigt werden. Auf der gesamten Strecke kein Wasser, außer an einer Stelle, an der ein steiler Fahrweg zum Ufer des → Colorado hinabführt. Von der Abzweigung des White Rim Trail vom → Shafer Trail kann man, wenn man vorsichtig ist, etwa sieben Kilometer mit einem normalen Auto bis zum etwa dreißig Meter langen und drei Meter breiten Musselman Arch fahren. Die Oberseite dieses Bogens ist eben, so daß er als einziger → Arch des → Colorado-Plateaus gefahrlos überschritten werden kann.

Ein anderer Höhepunkt ist der Blick in das Monument Basin, in dem zahlreiche bis über hundert Meter hohe → Walking Rocks versammelt sind und dort ihrem durch Verwitterung bedingten Ende entgegensehen. (Diesen Blick kann man ähnlich, aber mit weit weniger Aufwand auch vom Green River Overlook haben.)

Wilderness Area. Auf dem Colorado-Plateau sind einige Areale als Wildnisgebiete ausgewiesen (manchmal auch als «Primitive Areas» bezeichnet), z.B. Paria Canyon Wilderness Area, Grand Gulch Primitive Area, White Canyon Primitive Area. Es handelt sich bei ihnen um echte Wildnis, das heißt, daß möglicherweise ein meist schwieriger Pfad hindurchführt, aber keinerlei «Services», nicht einmal Trinkwasser, dort vorhanden sind. Ein unter Hikers hochgeschätzter, anspruchsvoller Pfad ist der → Paria Canyon Wilderness Trailhead. Für Wanderungen in diesen Gebieten braucht man ein Permit (→ Hiking.)

Wüstenlack (desert varnish). In den porösen, eisen- und manganhaltigen Sandstein des → Colorado-Plateaus (diesen Elementen verdankt er seine meist rote, rotbraune oder braune Färbung) sickert Wasser ein, löst die eisen- und manganhaltigen Minerale auf und befördert sie an tiefergelegene Oberflächen, wo das Wasser verdunstet und die Eisen-/Manganmineralien (Oxyde und Hydroxyde) als lackartig glänzende Krusten zurückläßt. Besonders schöne streifenförmige Ausbildungen des Wüstenlacks sind im → Canyon de Chelly oberhalb von Antelope House und White House Ruin und im → Capitol Reef National Park zu sehen.

Oben, Seite 177 und Seite 178: Ornamente der Natur – Erosionsformen im Valley of Fire State Park.

Wupatki National Monument, Arizona (gegründet 1924, 0,13 km²), nördlich von → Flagstaff. Reste einer indianischen Ansiedlung der präkolumbianischen Zeit (12./13. Jahrhundert), auch mehrgeschossige Gebäude. Günstige Siedlungsbedingungen bestanden durch die vom nahegelegenen Sunset-Vulkan (→ Sunset Crater) ausgeworfene fruchtbare Asche.

Ye-be-chai (Navajo, «tanzende Götter») zählen zusammen mit dem Totem Pole zu den markantesten Steintürmen des → Monument Valley.

Yucca House National Monument, Colorado (gegründet 1919, 0,04 km²). In der Nachbarschaft des → Mesa Verde National Park am Highway 666 gelegene Pueblo-Ruinen.

Zion National Park, Utah (gegründet 1919, 590 km², 1200–2600 m hoch), ist im Vergleich zu anderen Nationalparks des → Colorado-Plateaus erfrischend grün, da er vom → Virgin River durchflossen wird. Die Mormonensiedler fühlten sich beim Anblick der Felsformationen des heutigen Nationalparks an Tempel und Kathedralen erinnert, daher gaben sie dem Ort den Namen Zion und den Bergen Namen wie Great White Throne, Angel's Landing, Temple of Sinawava, The East Temple.

Vom Grund des Zion Canyon, dem Herzstück des Parks, aus sind reizvolle Spaziergänge möglich, zum Beispiel zu den Emerald Pools (Smaragdteichen). Auf diesem Weg kann man unter kleinen Wasserfällen hindurchgehen, ohne dabei naß zu werden. Weeping Rock (Weinender Fels) ist ein anderes, auch für Rollstuhlfahrer (mit Unterstützung) erreichbares Ziel. Hier tritt ständig Sickerwasser aus, das auf seinem Weg von der Hochfläche bis hierher mehrere Jahre gebraucht hat. Eine weitere Wanderung führt vom Nordende des Canyons in die Narrows, eine tief eingeschnittene Schlucht. Eine Besonderheit des Zion Canyon sind die Hanging Gardens (Hängende Gärten). Aus den Sandsteinwänden austretendes Sickerwasser ermöglicht an schattigen Stellen das Leben von Feuchtpflanzen und Moosen.

Von ganz anderem Charakter ist der Ostteil des Parks. Hier, auf etwa 1500 Metern über NN, dominieren versteinerte Dünen mit außergewöhnlichen Formen und Strukturen. Die bekannteste ist Checkerboard Mesa mit ihren gut ausgebildeten Kreuzablagerungen. Für Liebhaber von Sandsteinstrukturen warten unzählige Motive auf ihre Entdeckung. Geologisch gesehen durchschneidet der Zion Canyon die Formationen Temple Cap oberhalb des Navajo-Sandsteins (150 Millionen Jahre alt) bis hinunter zur Moenkopi-Formation (225 Millionen Jahre alt) und ist ein Teil der Großen Treppe (→ Bryce Canyon).

Übersicht über die Schutzgebiete des Colorado-Plateaus

National Parks
Arches	Utah
Bryce Canyon	Utah
Canyonlands	Utah
Capitol Reef	Utah
Grand Canyon	Arizona
Mesa Verde*	Colorado
Petrified Forest	Arizona
Zion	Utah

State Parks and Reserves
(Auswahl)
Coral Pink Sand Dunes	Utah
Dead Horse Point	Utah
Escalante	Utah
Petrified Forest	Arizona
Goblin Valley	Utah
Goosenecks	Utah
Kodachrome Basin	Utah
Meteor Crater	Arizona

Navajo Tribal Park
Monument Valley	Utah/Arizona

National Monuments
Aztec Ruins*	New Mexico
Canyon de Chelly	Arizona
Cedar Breaks	Utah
Chaco Canyon*	New Mexico
Colorado	Colorado
El Morro*	New Mexico
Gila Cliff Dwellings*	New Mexico
Hovenweep*	Utah
Natural Bridges	Utah
Navajo*	Arizona
Pipe Spring	Arizona
Rainbow Bridge	Utah
Sunset Crater	Arizona
Walnut Canyon*	Arizona
Wupatki*	Arizona
Yucca House*	Colorado

National Recreation Area
Glen Canyon (Lake Powell)	Utah/Arizona

* vor allem Zeugnisse früherer indianischer Kulturen

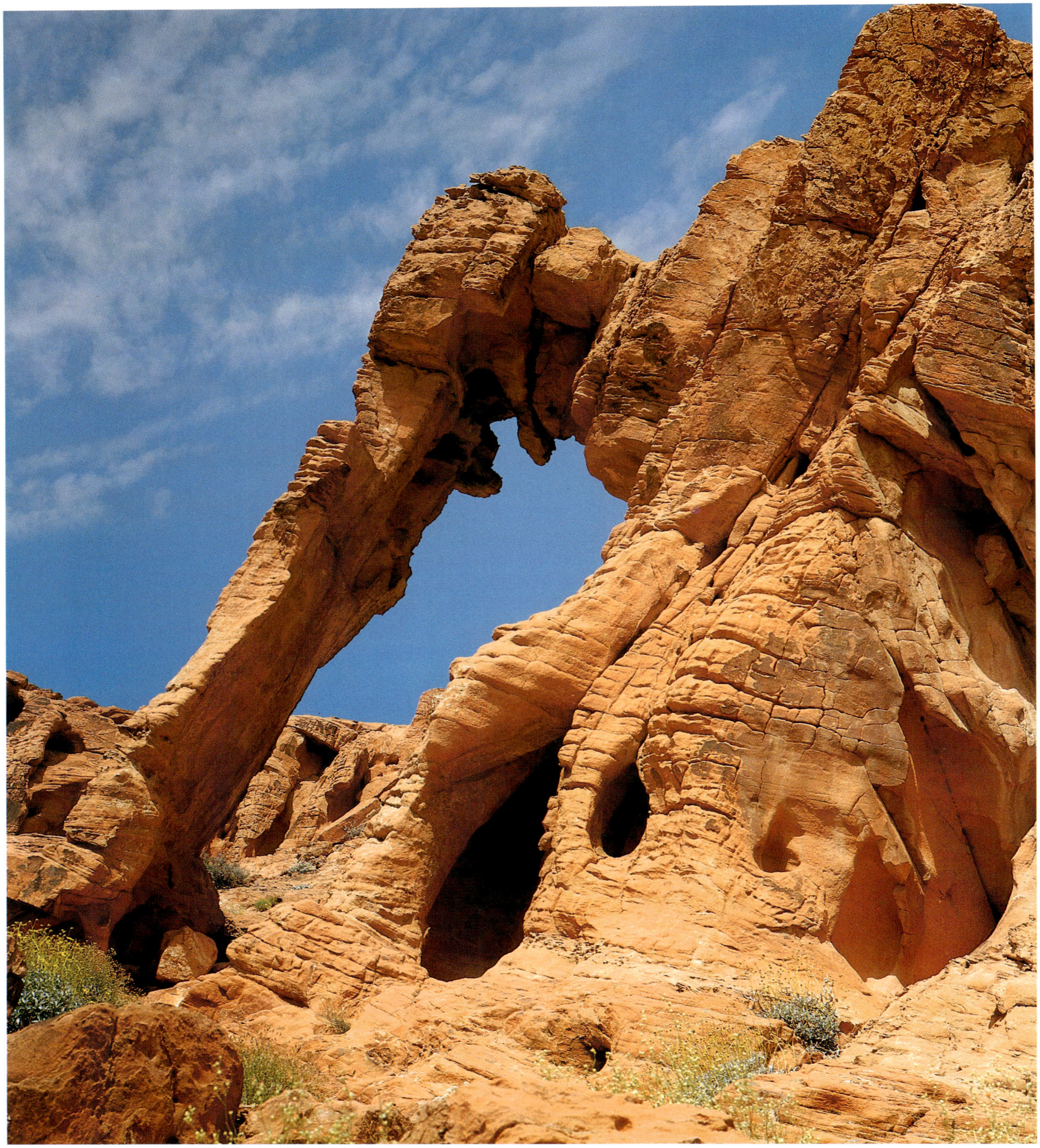

Textnachweis

Natachee Scott Momaday: Haus aus Morgendämmerung.
München: Diederichs Verlag 1988.

Bildnachweis

Archiv für Filmkunde, Heiko R. Blum, Köln: S. 56/57 (4), 58 (3), 59.
Bilderdienst Süddeutscher Verlag, München: S. 18 (3), 19 (2).
Christian Heeb, St. Gallen: S. 14, 15, 16, 115 unten links, 125, 171.

Alle anderen Abbildungen stammen von Helmut Friedrich, Möhrendorf.

Die Karte auf Seite 119 zeichnete Astrid Fischer-Leitl, München.

Photographischer Hinweis

Die meisten doppelseitigen Photos dieses Bandes sind aus zwei Kleinbildaufnahmen zusammengesetzt, die mit Hilfe eines speziellen Panorama-Shift-Adapters entstanden sind. Dieser Adapter wird an eine Kleinbildkamera angesetzt und ermöglicht (mit Objektiven für das Mittelformat) die zeitlich nacheinander erfolgende Aufnahme von zwei Teilbildern eines Motivs, die sich präzise und perspektivisch korrekt zusammenfügen lassen, und zwar auch bei nach oben oder unten geneigter Kamera auf dem für diese Aufnahmetechnik unerläßlichen Stativ. Die so zustande kommenden Photographien mit einem Seitenverhältnis von etwa drei zu eins stimmen mit dem natürlichen menschlichen Sehfeld überein. Es sind keine Rundumsichten (Panoramen), sondern mit «beiden Augen» gesehene Bilder.

Vor- und Hintersatz: Felszeichnungen auf dem sogenannten
Newspaper Rock im Petrified Forest.

Impressum

Bildkonzeption: Axel Schenck
Bildlegenden der Bildkapitel: Achim Zons
Lektorat: Bettina Eschenhagen
Bildgestaltung: Joachim Hellmuth
Graphische Gestaltung: Peter Schmid, Verena Fleischmann
Herstellung: Angelika Kerscher

Die vorliegende Ausgabe stützt sich in weiten Teilen auf den Vorgängerband
«USA – Der Südwesten» des C. J. Bucher Verlags von 1989.

© 1993 by Verlag C. J. Bucher GmbH,
München
Alle Rechte vorbehalten
Printed and bound in Italy
ISBN 3 7658 0815 6